AF148176

Kommunikationsberatung

Olaf Hoffjann

Kommunikations-
beratung

Beratungsqualität zwischen
Agentur und Kunde sicherstellen
und optimieren

 **Springer** Gabler

Olaf Hoffjann
Hochschule Braunschweig/Wolfenbüttel
Ostfalia Hochschule für angewandte
Wissenschaften
Salzgitter, Deutschland

ISBN 978-3-658-22664-0   ISBN 978-3-658-22665-7   (eBook)
https://doi.org/10.1007/978-3-658-22665-7

Die Deutsche Nationalbibliothek verzeichnet diese Publikation in der Deutschen Nationalbiblio-
grafie; detaillierte bibliografische Daten sind im Internet über http://dnb.d-nb.de abrufbar.

Springer Gabler
© Springer Fachmedien Wiesbaden GmbH, ein Teil von Springer Nature 2018
Das Werk einschließlich aller seiner Teile ist urheberrechtlich geschützt. Jede Verwertung, die
nicht ausdrücklich vom Urheberrechtsgesetz zugelassen ist, bedarf der vorherigen Zustimmung
des Verlags. Das gilt insbesondere für Vervielfältigungen, Bearbeitungen, Übersetzungen,
Mikroverfilmungen und die Einspeicherung und Verarbeitung in elektronischen Systemen.
Die Wiedergabe von Gebrauchsnamen, Handelsnamen, Warenbezeichnungen usw. in diesem
Werk berechtigt auch ohne besondere Kennzeichnung nicht zu der Annahme, dass solche Namen
im Sinne der Warenzeichen- und Markenschutz-Gesetzgebung als frei zu betrachten wären und
daher von jedermann benutzt werden dürften.
Der Verlag, die Autoren und die Herausgeber gehen davon aus, dass die Angaben und
Informationen in diesem Werk zum Zeitpunkt der Veröffentlichung vollständig und korrekt
sind. Weder der Verlag noch die Autoren oder die Herausgeber übernehmen, ausdrücklich oder
implizit, Gewähr für den Inhalt des Werkes, etwaige Fehler oder Äußerungen. Der Verlag bleibt
im Hinblick auf geografische Zuordnungen und Gebietsbezeichnungen in veröffentlichten Karten
und Institutionsadressen neutral.

Gedruckt auf säurefreiem und chlorfrei gebleichtem Papier

Springer Gabler ist ein Imprint der eingetragenen Gesellschaft Springer Fachmedien Wiesbaden
GmbH und ist ein Teil von Springer Nature
Die Anschrift der Gesellschaft ist: Abraham-Lincoln-Str. 46, 65189 Wiesbaden, Germany

Inhaltsverzeichnis

Einleitung

1

Zusammenfassung

Der Markt der Kommunikationsagenturen wächst seit Jahrzehnten. In den Debatten, welche die zumeist sehr mitteilungsfreudigen Agenturen in den Branchenmedien führen, liest man viel zu Themen wie Social Media, Big Data oder Content Marketing – aber wenig zur Beratung und zur Beratungsqualität. Es drängt sich der Verdacht auf: Kommunikationsberatung ist ein vergessenes Thema. Kommunikationsberater mögen Kommunikations*profis* sein, mit Sicherheit sind sie häufig Beratungs*laien*. Diesen Eindruck bestätigen Umfragen, nach denen Kunden Agenturen vor allem als verlängerte Werkbank und seltener als Berater engagieren. Im Mittelpunkt des Buches stehen die Fragen, was die Funktion und Leistungen der Kommunikationsberatung sind und wie ihre Qualität gesichert werden kann. Diese und weitere Fragen werden wissenschaftlich fundiert, zugleich aber verständlich und praxisorientiert beantwortet.

In einer immer komplexer werdenden Welt gibt es einen, der Hilfe verspricht: der Berater. Die Vielfalt und schiere Menge der Kommunikationsberater lässt den Eindruck zu, dass die Medien- und Kommunikationswelt besonders komplex zu sein scheint: Konzerne lassen sich zur kommunikativen Begleitung einer Investitionsentscheidung beraten, Verbände zu ihrem Markenauftritt, Kirchen zum Einsatz sozialer Medien, Parteien zur Wahlkampagne und Gewerkschaften zum Konzept ihres Gewerkschaftstages. Kommunikationsberatung gibt es in fast allen gesellschaftlichen Bereichen und zu strategisch weitreichenden Fragen ebenso wie zu einzelnen Maßnahmen. Und weil die Welt der Beratung selbst schon so komplex geworden ist, gibt es mit der Pitchberatung sogar schon eine Beratung zur Beratung.

© Springer Fachmedien Wiesbaden GmbH, ein Teil von Springer Nature 2018
O. Hoffjann, *Kommunikationsberatung*,
https://doi.org/10.1007/978-3-658-22665-7_1

Die Nachfrage nach Kommunikationsberatung boomt. Verlässliche Zahlen gibt es hierfür zwar keine, allerdings können die vagen Zahlen zum Agenturmarkt als Indikator herangezogen werden: Während die Schätzungen zur Zahl der Agenturen in Deutschland zwischen 15.000 und 30.000 schwanken (Nöcker 2018, S. 15), zeichnen die Umsatzrankings seit Jahrzehnten das Bild eines starken und fast ununterbrochenen Wachstums – auch wenn zuletzt von strukturellen Eintrübungen die Rede war. Dabei ist der Markt der Kommunikationsagenturen höchst heterogen. Nicht erst mit dem Boom sozialer Medien kommt es zur zunehmenden Vermischung von einstmals klar voneinander abzugrenzenden Agenturtypen wie Werbe-, PR- oder Mediaagenturen.

So vielfältig und unterschiedlich Agenturen sind, so sollen sie hier alle als Kommunikationsagenturen bezeichnet werden, die Kommunikationsdienstleistungen in den Bereichen Analyse, Strategie sowie taktische Maßnahmen-, Zeit- und Kostenplanung, Umsetzung und Evaluation erbringen, mit denen Kommunikationsprobleme der Auftraggeber gelöst werden sollen (Fuhrberg 2014, S. 1030). Mit dem Begriff Kommunikationsagentur werden auch solche Dienstleister bezeichnet, die sich selbst anders bezeichnen – wie z. B. ,Unternehmensberatungen für strategische Kommunikation' oder Dienstleister für die Evaluation strategischer Kommunikation.

Für (fast) alle Agenturen dürfte gelten, dass sie beraten. Umgekehrt ist aber nicht alles, was in Agenturen passiert, Beratung. Im Gegenteil: Der Hauptumsatzbringer der meisten Agenturen dürften Umsetzungsdienstleistungen sein. So schätzen Kunden Agenturen vor allem als Werkbank und knapp dahinter als Kreativ- und Innovationsmotor – erst mit deutlichem Abstand folgt die eigentliche Beratung (Zerfass et al. 2015, S. 90; ähnlich Jurik 2008). In einer qualitativen Studie zur politischen PR-Beratung waren elf von 14 Agenturen primär als ,verlängerte Werkbank' tätig (Röttger und Zielmann (2012, S. 148 f.). Wenig überraschend schätzen Agenturen das anders ein: PR-Agenturen sind davon überzeugt, dass Beratung nach der Medienarbeit die am zweithäufigsten nachgefragte Dienstleistung ist (Szyszka et al. 2009, S. 223).

Beratung als vergessenes Thema
In den Debatten, die die zumeist sehr mitteilungsfreudigen Agenturen in den Branchenmedien führen, liest man sehr viel zu Themen wie Social Media, Big Data oder Content Marketing. Überraschend wenig findet man zu den Themen Beratung bzw. Beratungsqualität. Ähnlich erklären einschlägige Praxisbücher zu Agenturen, wie Werbung wirkt (bzw. wirken sollte) und wie ein

Kommunikationskonzept zu entwickeln ist (z. B. Meichle 2016; Hoffmann und Kern 2001). Zur eigentlichen Beratung von Kunden liest man dort aber ebenfalls nichts. Das Muster wiederholt sich in Weiterbildungsprogrammen wie zum „Kommunikationsberater" oder „PR-Berater": Dort lernt man viel über die Praxis der Kommunikationsinstrumente und der Konzeption, nichts hingegen zur Praxis der Beratung. Es drängt sich der Eindruck auf, dass Kommunikationsberater vielleicht Kommunikations*profis* sein mögen, mit Sicherheit aber häufig Beratungs*laien* sind.

Beratung scheint mithin ein vergessenes Thema in aktuellen Debatten zu sein. Vielleicht deshalb, weil seit längerer Zeit ein Kreislauf nach unten beschrieben wird: Auf der einen Seite fragen Kunden vor allem (preiswertere) umsetzungsorientierte Dienstleistungen nach (z. B. Röttger und Zielmann 2012, S. 148 f.). Auf der anderen Seite beklagen Agenturen, dass der zunehmende Kostendruck nicht ohne Auswirkungen auf die Beratung bleibt (z. B. Hoffjann und Röttger 2009). Die möglichen Folgen: Die Investitionen in Beratung sinken weiter, die Qualität der Berater sinkt, Beratung verkommt schließlich zur Verkaufsberatung von Umsetzungsdienstleistungen… Dann aber wäre der Kommunikationsberater zum reinen Vertriebsmitarbeiter geworden, wie es Bank*berater,* Versicherungs*berater* und ‚Verkaufs*berater* Pkw' schon immer gewesen sind.

Es scheint also höchste Zeit zu sein, die Themen Kommunikationsberatung und damit Beratungsqualität wieder grundsätzlicher zu diskutieren. Daher steht die Kommunikationsberatung im Mittelpunkt dieses Buches. Da externe Kommunikationsberater nicht im luftleeren Raum agieren, sondern in der Regel in Agenturen anzutreffen sind, die diese Beratung ermöglichen bzw. erschweren, werden Agenturen an vielen Stellen thematisiert. Im Kern geht es aber immer um Beratung zu Fragen strategischer Kommunikation. Daher werden auch Fragen zur Umsetzung oder zu konkreten Beratungsthemen nur sekundär und nur dort thematisiert, wo es für das Verständnis der Kommunikationsberatung wichtig ist.

Dabei wird bewusst ein idealtypisches Verständnis von Beratung und damit von Kommunikationsberatung gewählt. Ein Rat zielt stets auf eine Tat. Ein Berater versucht dabei nicht, einen Klienten zu einer bestimmten Tat zu drängen. Für die Kommunikationspraxis wäre zu ergänzen: Ein Berater lässt sich bei seinem Rat nicht davon beeinflussen, wie viel er mit nachfolgenden Umsetzungsdienstleistungen verdienen könnte. So idealtypisch dieses Beratungsverständnis sein mag, so sehr ist zu vermuten, dass Klienten besonders dann gerne in Kommunikationsberatung investieren, wenn sie in diese Unabhängigkeit der Berater vertrauen können.

Gliederung des Buches

- Im *zweiten Kapitel* wird dieses idealtypische Beratungsverständnis ausführlich erläutert: Was sind die Funktion und Leistungen von Kommunikationsberatung? Was ist die Rolle des Beraters, welche Erwartungen haben Kunden? Und umgekehrt folgt daraus die Frage: Welche Fehlentwicklungen lassen sich in der Beratung finden?

- Im *dritten Kapitel* wird dieses allgemeine Beratungsverständnis für die einzelnen Phasen der Kommunikationsberatung konkretisiert.

- Das *vierte Kapitel* grenzt unterschiedliche Formen der Kommunikationsberatung voneinander ab. Dazu zählen auch zwei Sonderformen: Dies ist einerseits die interne Kommunikationsberatung und ihre Nachteile im Vergleich zur externen Kommunikationsberatung durch Agenturen. Andererseits ist dies die Meta-Beratung, die in der Praxis heute vielfach auf die Pitch-Beratung verkürzt wird.

- Im *fünften Kapitel* wird die Kommunikationsberatung von Umsetzungsdienstleistungen abgegrenzt. Hierbei wird die Kommunikationsberatung zu entmystifizieren sein: Was sind Kosten, Nachteile und Risiken der Kommunikationsberatung? Mit anderen Worten: Wann kann es sinnvoller sein, etwas ohne externe Beratung zu entscheiden bzw. einen reinen Umsetzer zu beauftragen?

- Im *sechsten Kapitel* steht die Zusammenarbeit von Kommunikationsberatern mit Kunden im Mittelpunkt: Was sind die Risiken eines Beraters, der scheinbar ‚perfekt' zum Kunden und zum Problem zu passen scheint? Und was heißt dies für das Auswahlverfahren eines Beraters bzw. einer Agentur? Wie kann ein Beratungssetting so gestaltet werden, dass es der idealtypischen Beratung nahe kommt und damit eine qualitativ gute Beratung ermöglicht? Und schließlich: Was sind die blinden Flecken von Kommunikationsberatern – und wie können Berater selbst und Kunden damit umgehen?

- Im *siebten Kapitel* geht es abschließend um die Frage, wie Berater bzw. Agenturen ihr eigenes Lernen organisieren. Wie können sie es schaffen, sich die notwendige Distanz zum Kunden zu bewahren und selbst klüger zu werden?

Spagat zwischen Wissenschaft und Praxis

In dem Buch soll der Versuch eines Spagats zwischen Wissenschaft und Praxis unternommen werden. In der Literatur zur Kommunikationsberatung besteht bislang eine deutliche Trennung zwischen Praktiker- und wissenschaftlicher Literatur: Reinen Ratgeberbüchern wie die „Gebrauchsanweisung für Werbeagenturen" (Meichle 2016), „Vom Pitch zum Award" (Burrack und Nöcker 2008) oder den Tipps für „Erfolgreiches New Business für Werbeagenturen" (Burrack 2015) stehen rein wissenschaftliche Bücher gegenüber (z. B. Rohbock 2006; Röttger und Zielmann 2009, 2012). In der wirtschaftswissenschaftlichen und noch mehr in der soziologischen Beratungsliteratur ist es hingegen nicht ungewöhnlich, dass sie sich an Wissenschaftler *und* an Praktiker wendet. Dies gilt besonders für systemische bzw. systemtheoretische Ansätze zur Beratung, die seit mehr als 30 Jahren intensiv diskutiert werden (z. B. Exner et al. 1987). Auf dieser theoretischen Basis baut auch das vorliegende Buch auf. Es entwickelt auf einer systemtheoretischen Grundlage das systemische Beratungsverständnis zu einer Theorie der reflexiven Kommunikationsberatung weiter. Dabei dürfen Berater und Kunden keine fertigen Antworten für ihre Arbeit erwarten. Das Buch soll eher einen Beitrag zur Beratung der Kommunikationsberatung leisten: Es arbeitet blinde Flecken der Beratertätigkeit bzw. der Zusammenarbeit mit Kommunikationsberatern heraus, über die es sich nachzudenken lohnen könnte.

Das Buch ist damit wie jede Beratung: Es ist mit Zumutungen verbunden. Beim Schreiben ist zwar darauf geachtet worden, wissenschaftliche bzw. systemtheoretische Wortungetüme dosiert zu verwenden bzw. mindestens verständlich zu erläutern. Aber auf sie ist bewusst nicht völlig verzichtet worden. Denn Lernen braucht das Infragestellen von Gewissheiten und dafür sind mögliche Probleme klar zu benennen, die erfahrenen Beratern bzw. Kunden der Kommunikationsberatung nicht völlig neu sein mögen, die sie in der Vergangenheit aber vielleicht verklärt oder verharmlost haben. Dirk Baecker nennt dies die für das Lernen notwendige Abweichungsverstärkung (Baecker 2003, S. 182). Das Buch ist damit kein „1×1 für Pappenträger" (Hoffmann und Kern 2001), sondern lädt an Reflexion interessierte Berater und Kunden ein, ihre Rolle und ihr Handeln zu hinterfragen und so zu einer besseren Beratung im hier vorgestellten Verständnis zu kommen. Der Ausgangspunkt des Buches ist damit in doppelter Weise idealtypisch:

- *Für die Klientenseite:* Zunächst einmal schadet Beratung selten, weil Beratung zwar nicht zwangsläufig zu ‚besseren' Entscheidungen führt, aber in der Regel doch dazu, dass man aufgeklärter entscheidet.
- *Für die Beraterseite:* Es unterstellt, dass Berater an einer unabhängigen und qualitativ hochwertigen Beratung ein Eigeninteresse haben müssten. Die beste Kundenbindung dürfte noch immer eine Beratung sein, die den mittel- und langfristigen Erfolg eines Kunden und damit dessen Interessen in den Mittelpunkt stellt.

Die Argumentation ist aber nicht naiv. Denn es ist offenkundig, dass eine idealtypische Beratung unwahrscheinlich ist. Kommunikationsberatung findet unter
den Bedingungen knapper zeitlicher und finanzieller Ressourcen statt: Kunden
müssen sich genau überlegen, wann sie sich Beratung leisten wollen. Zugleich
müssen Agenturen Geld verdienen, Beratungsdienstleistungen also wirtschaftlich
erbringen.

Damit wird deutlich, dass sich dieses Buch an Kommunikationsberater und
Kunden gleichermaßen richtet. Denn so banal es klingt: Eine Beratung kommt
dem hier vorgestellten Verständnis nur nahe, wenn Berater dazu in der Lage sind
und Kunden sie ermöglichen. Für eine erfolgreiche Beratung braucht es nicht nur
professionelle Berater, sondern auch professionelle Kunden (Mohe 2003).

Dies gilt im Übrigen in gleicher Weise für ein Buchprojekt: Auch die
Beobachtungen und Beschreibungen von Autoren sind voller blinder Flecken.
Daher dankt der Autor Hans-Jürgen Arlt, Reinhold Fuhrberg und Rainer Zech für
kluge Hinweise und wertvolle Ratschläge. Da er als Klient über deren Annahme
oder Ablehnung entschieden hat, übernimmt er die volle Verantwortung für alle
Fehler.

Literatur

Baecker, D. 2003. *Organisation und Management*. Frankfurt a. M.: Suhrkamp.
Burrack, H. 2015. *Erfolgreiches New Business für Werbeagenturen. Mit Insights, Tipps und
    Checklisten*. Göttingen: Business Village.
Burrack, H., und R. Nöcker. 2008. *Vom Pitch zum Award. Wie Werbung gemacht wird.
    Insights in eine ungewöhnliche Branche*. Frankfurt: F.A.Z.-Verlag.
Exner, A., R. Königswieser, und S. Titscher. 1987. Unternehmensberatung – Systemisch.
    Die Betriebswirtschaft 47 (3): 265–284.
Fuhrberg, R. 2014. Kommunikationsagenturen als Dienstleister und Berater: Auswahl, Rollen,
    Normen und Konflikte. In *Handbuch Unternehmenskommunikation*, Hrsg. A. Zerfass und
    M. Piwinger, 1027–1042. Wiesbaden: Gabler.
Hoffjann, O., und U. Röttger. 2009. Wissensmanagement in PR-Agenturen. In *PR-Beratung.
    Theoretische Konzepte und empirische Befunde*, Hrsg. U. Röttger und S. Zielmann,
    125–147. Wiesbaden: VS-Verlag.
Hoffmann, A., und M. Kern. 2001. *1×1 für Pappenträger. Handbuch für angehende Kon-
    takter*. Hamburg: Books on Demand.
Jurik, M. 2008. Die österreichische Beziehungskiste. *Bestseller* 11: 57–62.
Meichle, T. 2016. *Gebrauchsanweisung für Werbeagenturen: 100 Einsichten, die Werber
    weiterbringen*. Freiburg: Haufe.
Mohe, M. 2003. *Klientenprofessionalisierung. Strategien und Perspektiven eines professio-
    nellen Umgangs mit Unternehmensberatung*. Marburg: Metropolis-Verlag.
Nöcker, R. 2018. *Ökonomie der Werbung. Grundlagen, Wirkungsweise, Geschäftsmodelle*,
    2. Aufl. Wiesbaden: Springer VS.

Rohbock, U. 2006. *Marketingmanagement kleiner und mittlerer Werbeagenturen. Eine vergleichende qualitative Analyse zur Identifikation Erfolg versprechender Gestaltungsoptionen aus Kunden- und Agentursicht.* München: Hampp.

Röttger, U., und S. Zielmann, Hrsg. 2009. *PR-Beratung. Theoretische Konzepte und empirische Befunde.* Wiesbaden: VS Verlag.

Röttger, U., und S. Zielmann. 2012. *PR-Beratung in der Politik: Rollen und Interaktionsstrukturen aus Sicht von Beratern und Klienten.* Wiesbaden: VS-Verlag.

Szyszka, P., D. Schütte, und K. Urbahn. 2009. *Public Relations in Deutschland: Eine empirische Studie zum Berufsfeld Öffentlichkeitsarbeit.* Konstanz: UVK.

Zerfass, A., D. Verčič, P. Verhoeven, A. Moreno, und R. Tench. 2015. *European communication monitor 2015. Creating communication value through listening, messaging and measurement. Results of a survey in 41 countries.* Brussels: EACD – European Association of Communication Directors.

Funktion und Leistungen der Kommunikationsberatung

2

Zusammenfassung

Ein zentrales Problem von Klienten sind ihre blinden Flecken bzw. Beobachtungslatenzen. Hier sind Kommunikationsberater mit ihren Beobachtungen zweiter Ordnung im Vorteil. Daraus leitet sich die Funktion der Kommunikationsberatung ab, die darin liegt, dass sie zunächst die entscheidungsbezogene Kontingenz öffnet und damit zusätzliche Optionen zum Management der kommunikativen Beziehungen zu internen und externen Bezugsgruppen hervorbringt, bevor sie beim Schließen entscheidungsbezogener Kontingenz hilft. Dieses Verständnis greift einerseits Überlegungen aus der Expertenberatung auf, weil das Expertenwissen von Beratern unverzichtbar ist und es in der Regel ein klar benanntes Problem als Ausgangspunkt der Beratung gibt. Andererseits werden Überlegungen aus der systemischen Beratung aufgegriffen, weil jedes Wissen und jede Lösungsoption stets kontextorientiert sind, die Beobachtungen von Klienten von zentraler Bedeutung sind und Berater nicht als Quasi-Entscheider fungieren.

Nicht nur in der Kommunikationsbranche ist seit Jahrzehnten ein Beratungsboom zu beobachten. Beratung erlebt auch in anderen gesellschaftlichen Feldern ein so großes Wachstum, dass Fuchs von einer Beratungsgesellschaft spricht (Fuchs 1994, S. 76). Entsprechend gestiegen sind auch die – ratgebende – Praktikerliteratur sowie die wissenschaftliche Erforschung der Beratung allgemein und der Kommunikationsberatung im Besonderen. In der Kommunikationswissenschaft erlebte das Thema vor rund zehn Jahren einen ‚Mini-Boom' mit einigen grundlegenden Arbeiten (u. a. Röttger und Zielmann 2009a, b, 2012; Steiner 2009; Fuhrberg 2010). Seither sind in der Kommunikationswissenschaft und Politikwissenschaft nur noch vereinzelt

© Springer Fachmedien Wiesbaden GmbH, ein Teil von Springer Nature 2018
O. Hoffjann, *Kommunikationsberatung*,
https://doi.org/10.1007/978-3-658-22665-7_2

Studien zur Beratung entstanden (u. a. Opitz 2018; Schieder 2016; Schöller 2018). Sie alle verbindet eine wissenschaftliche Ausrichtung – so sind es vielfach wissenschaftliche Qualifikationsarbeiten. Dieser etwas ernüchternden Situation steht eine beeindruckende Vielfalt in den Wirtschaftswissenschaften und in der Soziologie gegenüber. Dort ist Beratung nicht nur ein prominentes Thema, sondern es zählt auch zu den Themen, bei denen die Praxisorientierung nicht gleich als Makel verstanden wird. Deshalb werden in diesem Buch viele Überlegungen aus dem allgemeinen Bereich der Organisationsberatung auf das Feld der Kommunikationsberatung übertragen.

Besonderheiten der Kommunikationsberatung
Wie bei jedem Transfer muss den Besonderheiten des Feldes Rechnung getragen werden. Die Organisationsberatung allein ist schon ein vielfältiges Feld. Oft hat man den Eindruck, sie interessiere sich eigentlich nur für die klassische Unternehmensberatung, in der Vorschläge gemacht werden, wie man Organisation und Personaleinsatz effizienter gestalten kann (Moldaschl 2015, S. 44). Dabei ist das Spektrum der Organisationsberatung deutlich größer. Für die Kommunikationsberatung sollen in dem Buch insbesondere die folgenden Besonderheiten berücksichtigt werden:

- *In der Kommunikationsberatung gibt es traditionell eine große Nähe zwischen strategischer Beratung und Umsetzungsberatung:* Die Entwicklung strategischer Kommunikationskonzepte ist zwar eine klassische Aufgabe der Kommunikationsberater, in der Regel mündet sie aber in der Beratung zur daran anschließenden Umsetzung.
- *In der Kommunikationsberatung gibt es eine große Nähe zu Umsetzungsdienstleistungen, die in vielen Agenturen zudem wirtschaftlich wichtiger sein dürften als Beratungsdienstleistungen:* Daraus folgt die Frage, welche Risiken sich dadurch für den Rat ergeben. Und wie können diese minimiert werden?
- *Daraus folgen vielfach geäußerte Zweifel an der Beratungsqualität.* Ist es noch eine unabhängige Beratung oder wegen der ökonomischen Zwänge der Agenturen nicht eher eine verkaufsorientierte Beratung? Dies führt zur Frage, wie Beratung und damit die Beratungsqualität gestärkt werden können.
- *Die Kommunikationsberatung unterscheidet sich von den meisten anderen Feldern der Organisationsberatung durch die Relevanz der Bezugsgruppenperspektive.* Zwar kontrastiert nahezu jegliche Organisationsberatung organisationsinterne Prozesse und Strukturen mit (beobachteten) Anforderungen und Entwicklungen in der Organisationsumwelt. In der Kommunikationsberatung sind in der Regel aber der Ausgangs- und Zielpunkt (erwartete) Probleme zu Wissen, Einstellungen und Handlungen der Bezugs- bzw. Zielgruppen.

- *Strategische Kommunikation und damit die Kommunikationsberatung sind schließlich geprägt durch die enorme Dynamik und Komplexität von (öffentlichen) Kommunikationsprozessen, die Zahl der Beziehungspartner und die Reaktanz des Feldes.* All dies führt dazu, dass Kommunikationsberatung von hohen Unsicherheiten begleitet ist und daher Beratungsprozesse und deren Konsequenzen nur begrenzt plan-, steuer- und voraussagbar sind (Röttger und Zielmann 2009b, S. 43).

Das Beratungsverständnis dieses Buches: reflexive Kommunikationsberatung
Wo ist der Ansatz dieses Buches verortet? Sowohl in der Praxis als auch in der Wissenschaft werden seit vielen Jahren zwei Paradigmen der Organisationsberatung unterschieden: die Expertenberatung und die Prozessberatung. Die Unterscheidung bezieht sich zunächst darauf, dass in der Experten- bzw. Fachberatung Berater konkrete Lösungen für Probleme entwickeln, welche die Organisation anschließend umsetzt. Hingegen sind Prozessberater Experten für die Prozessgestaltung. Daraus folgt, dass Prozessberatung in der Regel eine systemische Beratung ist, in der Beratung als Selbstberatung (Zech 2013, S. 115) und damit als Anleitung zur Selbsthilfe verstanden wird: „In der Expertenberatung löst der Berater für den Klienten das Problem, während in der Prozessberatung der Klient durch den Berater befähigt wird, sein Problem selbst zu lösen" (Iding 2000, S. 26).

In den vergangenen Jahren ist diese dogmatische Trennung aufgeweicht worden. So haben Untersuchungen gezeigt, dass jeder Expertenberater auch Prozesse begleitet, während jeder Prozessberater auch als Fachexperte agiert (Froschauer und Lueger 2010). Dies hat einerseits zu Ansätzen geführt, die einen Mittelweg gehen – z. B. die Komplementärberatung (Königswieser et al. 2006) oder der „Dritte Modus der Organisationsberatung" (Wimmer et al. 2014). Andererseits sind Beratungsansätze entstanden, die Überlegungen aus beiden Paradigmen aufgreifen und einen alternativen Weg aufzeigen (z. B. Moldaschl 2010, 2015; Zech 2013). Ein solcher Weg soll hier beschritten werden – auch um den Besonderheiten der Kommunikationsberatung Rechnung tragen zu können.

Die im Folgenden vorgestellte Kommunikationsberatungstheorie übernimmt Überlegungen der *Fach- bzw. Expertenberatung*, weil...

- ...sie nicht davon ausgeht, dass „stets alles notwendige Wissen in einer Organisation bereits vorhanden" (Moldaschl 2015, S. 56) ist. Eine Verwaltungsbürokratie, die sich zum möglichen Einsatz sozialer Medien beraten lassen will, oder ein Familienunternehmen, das sich nach einer Umwandlung in eine Aktiengesellschaft zur kommunikativen Begleitung des anstehenden Börsenganges beraten lassen will, widerlegen eindrucksvoll die These der Prozessberater, die darauf beharren, „man müsse nichts über den Gegenstand wissen" (Moldaschl 2015, S. 48). Von Kommunikationsberatern wird in diesen Fällen Expertenwissen erwartet, das in diesem – wie in allen anderen denkbaren Beratungsmandaten – zur Reflexivitätssteigerung beiträgt (Moldaschl 2015, S. 56).

* …sie von einer relativ klaren Zielsetzung ausgeht (Froschauer und Lueger 2010, S. 248). Ein Klient wendet sich in der Regel an eine Kommunikationsberatung, um sich bei der Lösung eines Problems beraten zu lassen. Dies schließt nicht aus, dass beide Seiten im Rahmen der Orientierungsphase bzw. der Analyse zu dem Ergebnis kommen, dass eine alternative Problembeschreibung plausibler und damit zielführender erscheint.

Die vorgestellte Kommunikationsberatungstheorie übernimmt zugleich Überlegungen der *Prozessberatung bzw. systemischen Beratung,* weil…

* …sie nicht davon ausgeht, dass es einen zu ermittelnden Königsweg gibt (Moldaschl 2010, S. 277). Jegliches Wissen und jegliche Lösungsalternativen sind immer kontextorientiert und damit beobachterabhängig.
* …sie davon ausgeht, dass die Beobachtungen bzw. das Wissen des Klienten eine wichtige Basis für den Beratungsprozess sind. Beratung kann nur zur Reflexivitätssteigerung beitragen, wenn der Berater etwas über die Beobachtungen und damit die Sichtweise des Klienten weiß.
* …sie davon ausgeht, dass Berater den Klienten bei der Entscheidungsfindung beraten, die Entscheidung und damit die Verantwortung dafür aber in der Klientenorganisation bleiben (Froschauer und Lueger 2010, S. 248). Berater fungieren nicht als Quasi-Entscheider, die nur die Vorteile der von ihnen favorisierten Empfehlung nennen oder gar für sie kämpfen.

Die Kommunikationsberatungstheorie des Buches ist damit nah an Moldaschls reflexiver Beratung (2001, 2010, 2015), der Gedanken der Experten- bzw. Fachberatung einerseits und systemischer Prozessberatung andererseits aufnimmt. Beratung leistet nach ihm einen Beitrag zur Reflexivitätssteigerung der beratenen Organisation. Anschlussfähig sind hier in Teilen weitere systemtheoretische Ansätze zur Beratung allgemein (z. B. Baecker 2003; Fuchs 2010; Steiner 2009; Zech 2013) ebenso wie zur Kommunikationsberatung (z. B. Röttger und Zielmann 2009b, 2012; Röttger und Preusse 2013; Szyszka 2009).

Der hier vorgestellte Ansatz argumentiert aus einer systemtheoretischen Perspektive. Die Kommunikationsberatungstheorie ist damit eine systemtheoretische Beschreibung der Kommunikationsberatung. Ebenso wenig wie der durchaus umfangreiche Forschungsstand zur (systemtheoretischen) Organisationsberatung referiert wird, werden die systemtheoretischen Konzepte ausführlich erläutert und ausgeführt. Es geht in diesem Buch um die *Anwendung* systemtheoretischer Überlegungen zur Beschreibung der Kommunikationsberatung. Daher werden systemtheoretische Grundkonzepte an den jeweils relevanten Stellen nur soweit erläutert, wie es für das Verständnis notwendig erscheint.

Die Kommunikationsberatungstheorie, die diesem Buch zugrunde liegt, diskutiert, welche Konsequenzen sich aus der system*theoretischen* Perspektive für die *Praxis* der Beratung ergeben. Der Ansatz leistet damit zweierlei:

- *Er öffnet Kontingenz:* Der Ansatz mag von vielen Praktikern als Zumutung empfunden werden, da er einfache Gewissheiten infrage stellt: Die blinden Flecken bzw. Beobachtungslatenzen der Kommunikationsberatung werden thematisiert.
- *Er schließt Kontingenz:* Der Ansatz trägt den Besonderheiten der Kommunikationsberatung (z. B. Relevanz der Bezugsgruppenperspektive oder Nähe von strategischer Beratung zur Umsetzungsberatung) Rechnung, indem er Überlegungen aus der Organisationsberatung konkretisiert.

Er kann damit als ein Beitrag zur Beratung der Beratung interpretiert werden, weil er Beratern, aber auch Klienten einen neuen Blick auf die Kommunikationsberatung ermöglichen will.

Dabei hat der Ansatz den Anspruch, dass er für alle Kommunikationsberatungsprojekte nicht nur anwendbar, sondern auch sinnvoll ist. Dies ist möglich, weil er skalierbar ist: So werden die einzelnen Phasen bei einer Beratung zur Produkteinführungskampagne eines Autos ausführlicher ausfallen als für die Konzeptentwicklung für die Auftaktveranstaltung.

2.1 Die Entscheidung als Bezugspunkt der Kommunikationsberatung

Ein Rat zielt stets auf eine Tat. In Organisationen haben Taten die Form von Entscheidungen. Organisationsberatung zielt damit auf Entscheidungen. Eine Entscheidung hebt sich von der Vielzahl von Handlungen dadurch ab, dass die Entscheider wahrnehmen, dass sie so oder auch anders entscheiden könnten – etwas also kontingent ist. Kontingenz ist damit das Gegenteil von dem, was heute gerne als ‚zwangsläufig‘ oder ‚alternativlos‘ bezeichnet wird. Kontingenz ist etwas, „was weder notwendig ist noch unmöglich ist; was also so, wie es ist (war, sein wird), sein kann, aber auch anders möglich ist" (Luhmann 1996, S. 152). Eine Situation ist beispielsweise kontingent, wenn die Wahlkampfleitung einer

Partei erkennt, dass es Alternativen zu einer Mobilisierungskampagne vor der Wahl gibt.

Sollte die Wahlkampfleitung aber die Mobilisierungskampagne selbst erst gar nicht infrage stellen, ist dies keine Entscheidungssituation. In einem solchen traditionalen, routineförmigen und spontan durchgeführten Handeln wissen die Akteure situativ sofort, was sie zu tun haben (Schimank 2005, S. 48): Man hat vor einer Wahl schon immer eine Mobilisierungskampagne durchgeführt, die Wettbewerber machen es ebenso – daher muss man ihre Notwendigkeit auch gar nicht *entscheiden*. Hier deutet sich erstmals der Preis einer Entscheidung an: Sie kostet Zeit, die dann nicht mehr für andere – möglicherweise wichtigere – Entscheidungen zur Verfügung steht.

Die Einsicht in die Möglichkeit, etwas verändern zu können, konstituiert damit eine Entscheidungssituation. „Entscheidungshandeln ist ein Handeln, das sich seiner eigenen Kontingenz bewusst ist und sich als Selektion aus anderen Möglichkeiten des Handelns vollzieht" (Steiner 2009, S. 39). Die Wahlkampfleitung erkennt bei der Planung der Mobilisierungskampagne die alternativen Möglichkeiten einer Print-Kampagne und einer Online-Kampagne. Die Alternativen zwingen zur Auswahl und führen damit direkt zur Wahrnehmung von Unsicherheit und einer Risikosituation. Wenn es zwei Alternativen mit ungewissem Ausgang gibt, stellt sich die Frage, welche die vielversprechendere ist – und umgekehrt, welche das größere Risiko beinhaltet. Solche Entscheidungssituationen gibt es täglich in Organisationen: Die Kommunikationsabteilung diskutiert die zentralen Botschaften der anstehenden Pressekonferenz, in der IR-Abteilung wird erörtert, ob bzw. wie soziale Medien zur Ansprache von Aktionären genutzt werden könnten, und in der Krisensituation wird darüber entschieden, ob man Sicherheitslücken einräumt oder nicht. Wenn die Entscheider in den genannten Situationen den Eindruck haben, dass sie zu wenig wissen und dass ihnen hierbei ein Außenstehender weiterhelfen könnte, können sie sich für die Kommunikationsberatung entscheiden.

So unterschiedlich der konkrete Auftrag an die Kommunikationsberater lauten mag, so sehr eint ein Kommunikationsberater in dem hier vorgestellten Verständnis, dass sie zweierlei leisten. Das Erste wird von vielen Klienten mitunter als Zumutung empfunden: Berater öffnen für ihre Klienten zunächst den Blick und erweitern damit deutlich das Feld der bekannten Möglichkeiten. Als Außenstehende sehen Berater mehr: andere mögliche Ursachen ebenso wie andere Lösungsoptionen. Damit tragen sie zum *Öffnen der Kontingenz* und so möglicherweise zunächst auch zur Verwirrung bei. Nach dieser „Phase der Kontingenzaufblendung muss Beratung [.] wieder eine Kontingenzabdunklung vornehmen, gewissermaßen an einer Simplifikation arbeiten, welche Optionalitäten wieder eng führt und damit entscheidungsfähig macht" (Zech 2013, S. 96). Zur *Schlie-ßung der Kontingenz* tragen Berater bei, indem sie die vielen Möglichkeiten bewerten und eine Alternative empfehlen, die sie aber nicht überhöhen oder gar als ‚alternativlos' verklären. Ein Berater, der seinem Klienten empfiehlt „Tue dies! Alles andere kann nicht erfolgreich sein!" verkommt zum Quasi-Entscheider. Berater in dem hier vertretenen Verständnis respektieren die Trennung von Rat und Tat und weisen bei der Empfehlung auch auf Risiken hin.

Bei der Suche nach der Funktion von Beratung kann damit zwischen der öff-nenden und schließenden Dimension unterschieden werden. Im Beratungsprozess wird Kontingenz auf zwei Ebenen geöffnet und geschlossen. Erstens entspricht der Beratungsprozess selbst mit seiner Orientierungs-, Analyse- und Lösungs-phase (Kap. 3) dem Entscheidungshandeln, in dem durch die Analyse und das Benennen von Handlungsoptionen der Handlungsspielraum zunächst geöffnet wird, bevor durch die Auswahl zwischen Alternativen und dem Entscheiden für eine Alternative Kontingenz wieder geschlossen wird (Schimank 2005, S. 53). Zweitens öffnet ein Berater in jeder Phase zunächst Kontingenz, die er zum Ende einer Phase wieder schließt, um mit der Zwischenentscheidung des Klienten die nächste Phase beginnen zu können (Abb. 2.1). Ob dies eine ‚bessere' Ent-scheidung ist als die Entscheidung, die ein Klient ohne einen Berater getroffen hätte, kann immer nur die Zukunft zeigen.

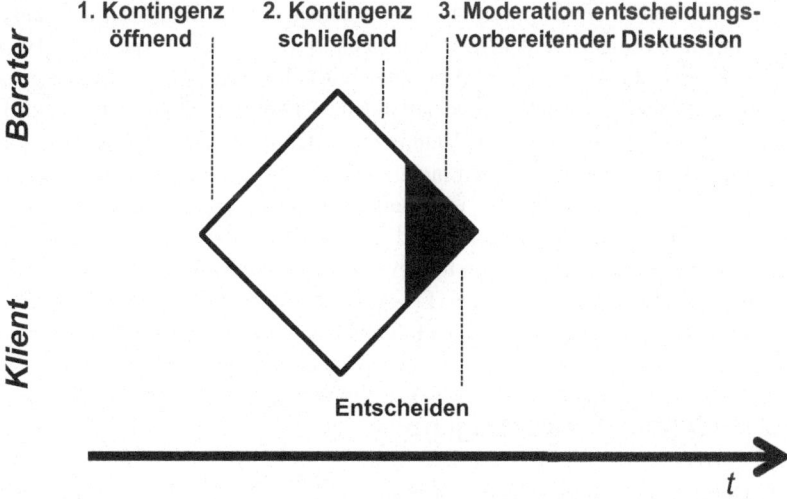

Abb. 2.1   Die öffnende und schließende Dimension der Kommunikationsberatung

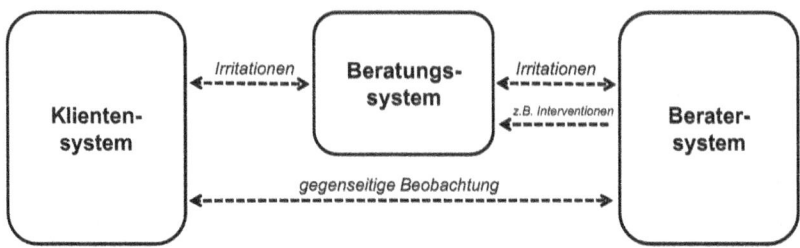

Abb. 2.2 Beratungssystem mit Berater- und Klientensystem. (Quelle: nach Seidl und van Aaken 2007, S. 185; Röttger und Zielmann 2009b, S. 38)

Die Kontingenz als Möglichkeitsraum stellt sich für jeden Beobachter anders dar: Der Klient sieht vor allem Zwänge und damit weniger Möglichkeiten, während der Berater die Zwänge nicht kennt oder zunächst ignoriert und damit mehr Möglichkeiten sieht. Die beiden Beobachter sind in der Organisationsberatung das Klientensystem und das Beratersystem. Als soziale Systeme sind ihre Letztelemente Kommunikation, nicht Handlungen. Sie operieren autopoietisch, sind also operativ geschlossen (Luhmann 1996). Für die Beratungskonstellation folgt daraus konkret, dass dem Klienten wenig geholfen ist, wenn Berater in ihren schriftlichen Analysen oder Präsentationen die Kontingenz öffnen oder schließen. Die Analysen und Präsentationen sind zunächst nichts anderes als *Noise*. Diese Irritationen werden erst zu Informationen, wenn sie auf die Sinnzusammenhänge des Systems bezogen werden. Daher können Berater ihre Klienten nur dabei *unterstützen bzw. ihnen helfen,* dass diese zunächst eine größere Kontingenz wahrnehmen und sich später aufgeklärt für eine bewertete Option entscheiden. Dies unterstreicht die große Bedeutung von Berater-Klienten-Gesprächen, in denen die Analysen und Optionen nicht nur präsentiert, sondern auch diskutiert und erörtert werden, damit das Klientensystem diese angemessener (sinn)verarbeiten kann. Diese Interaktionen sind Teil des Beratungssystems (Abb. 2.2). Das Beratungssystem ist autonom und grenzt sich von seiner Umwelt ab, indem es seiner eigenen fallspezifischen Logik folgt (Steiner 2009, S. 97 ff.). Zur Umwelt des Beratungssystems zählen folglich das Klienten- und Beratersystem.

2.2   Öffnen der Kontingenz

Jede Organisation und jede ihrer Abteilungen ignoriert viele Dinge der Welt, um anderes umso intensiver beobachten zu können. Ein Autohersteller ignoriert den Fortschritt in der medizinischen Forschung, um Innovationen zur E-Mobilität

umso genauer verfolgen zu können. Eine Marketingabteilung ignoriert die neu-
esten Entwicklungen in der Fertigungstechnik und konzentriert sich stattdessen
auf die Marktbeobachtung u. a. zu den Wünschen und Bedürfnissen ihrer Zielgruppe. Der Preis für Spezialisierung und Expertentum ist die Ignoranz gegenüber vielen anderen Themen. Kurzum: „Organisationen sind auf Indifferenz und
damit auf Lernresistenz gegenüber fast allem in ihrer Umwelt angewiesen, um
auf bestimmte ausgewählte Signale [...] um so präziser reagieren zu können"
(Baecker 2003, S. 182). Das ist nicht nur sinnvoll und notwendig, weil Routinen
bzw. redundante Strukturen Organisationen erst ermöglichen, komplexe Probleme
zu lösen (Luhmann 2000a), sondern es erscheint zunächst auch unproblematisch.

Nachteile von Klienten als Beobachter erster Ordnung
Einen differenzierten Einblick in die Probleme und Risiken erlaubt eine
beobachtungstheoretische Perspektive: Jede Beobachtung verwendet eine Unterscheidung (Luhmann 1996, S. 654 f.). Wenn eine Marketingabteilung beispielsweise eine Produktkampagne evaluiert, kann sie die Reaktionen des Marktes mit
der Unterscheidung ‚Ziele der Werbekampagne erreicht' vs. ‚Ziele der Werbekampagne nicht erreicht' beobachten. Zwar ist auch diese Unterscheidung kontingent – könnte also auch anders ausfallen –, aber für eine Marketingabteilung recht
naheliegend und damit wahrscheinlich. Denn in einem Unternehmen als gewinn-
orientierter Organisation geht es allgemein um einen effizienten Mitteleinsatz und
in einer Marketingabteilung konkret um die Frage, wie Kunden möglichst effizient
gewonnen bzw. gebunden werden können. Die Wahrscheinlichkeit ist damit recht
hoch, dass eine Abteilung solche Beobachtungsroutinen, die in der Vergangenheit
benutzt wurden, die in der Kommunikationsbranche weit verbreitet sind und die
den Erwartungen der Organisationsleitung zu entsprechen scheinen, immer wieder
verwendet. Hier wird der konservative Charakter von Organisationen deutlich, der
darin besteht, Vielfalt zu reduzieren (Weick und Westley 1996, S. 440). Deshalb
tun sich Organisationen damit schwer, (vermeintlich) Bewährtes infrage zu stellen.

Aus diesem Grund sind andere Unterscheidungen zur Beobachtung einer
Werbekampagne – z. B. mit Blick auf ihre Ästhetik, ihren Wahrheitsgehalt, ihre
Verwendung religiöser Symbole etc. – für eine Marketingabteilung zwar nicht
unmöglich, aber eher unwahrscheinlich. Die Summe der von einer Marketingabteilung verwendeten Unterscheidungen sind ihre Beobachtungsstrukturen. Das
sind „die Brillen, mit deren Hilfe sie sich miteinander ihre Organisationsrealität
schaffen" (Wimmer 2012, S. 281). Die Kehrseite dieser ‚Brillen' sind die nicht
verwendeten Unterscheidungen, die sogenannte faktische Latenz bzw. Beobachtungslatenzen (Kühl 2009). So notwendig und sinnvoll es ist, sich auf einige ausgewählte Unterscheidungen zu beschränken, so sehr folgen daraus Probleme und
Risiken für Organisationen, die im Folgenden skizziert werden sollen.

Erstens und ganz allgemein sind es all die Informationen, die eine Organisation nicht gewinnt, weil sie die entsprechenden Unterscheidungen nicht anwendet. Die Marketingabteilung weiß nichts über den Wahrheitsgehalt ihrer Werbebotschaften oder über den Gebrauch religiöser Symbole, wenn sie dies nicht beobachtet hat. Dies wäre so lange weniger problematisch, wie diese nicht benutzten Unterscheidungen wissentlich und bewusst nicht aktualisiert würden.

Genau dies aber ist in der Regel nicht möglich – und daraus folgt das *zweite* Problem. Denn ein Beobachter weiß nicht, mit welcher Unterscheidung er die Welt beobachtet. Das ist das Problem des blinden Flecks. Der blinde Fleck ist die Unterscheidung, die ein Beobachter anwendet und die im Moment ihrer Anwendung selbst nicht beobachtbar ist (Luhmann 1991, S. 64 f.). Anders ausgedrückt: Er beobachtet zwar die Welt, aber er weiß nicht, *wie* – also mit welcher Unterscheidung – er die Welt beobachtet.

Daraus folgt schließlich *drittens*, „dass das Problem hier nicht darin besteht, dass wir nicht sehen, sondern darin, dass wir nicht sehen, dass wir nicht sehen" (von Foerster 1993, S. 237). Aus diesem Grund sind die Beobachtungen erster Ordnung naiv. Für eine Marketingabteilung heißt dies beispielsweise, dass sie mit ihrer Evaluation in der Regel nur die intendierten Wirkungen misst. Bei einer erfolglosen Kampagne könnte sie zu der naheliegenden Einschätzung kommen, dass der Werbedruck, also das eingesetzte Budget, zu gering war. Mit diesen Beobachtungen kann sie aber nicht sehen, was sie alles nicht sieht – ob z. B. ästhetische, ethische oder religiöse Gründe für den Misserfolg (mit)verantwortlich waren.

Vorteile von Beratern als Beobachter zweiter Ordnung
Hier bieten Kommunikationsberater mit einer Beobachtung zweiter Ordnung einen Ausweg, indem sie den Beobachter beobachten: „Zwar ist auch der Beobachter zweiter Ordnung an einen blinden Fleck gebunden, sonst könnte er nicht beobachten. Der blinde Fleck ist sozusagen sein Apriori. Wenn er aber einen anderen Beobachter beobachtet, kann er dessen blinden Fleck, dessen Apriori, dessen ‚latente Strukturen' beobachten" (Fuchs und Luhmann 1989, S. 10 f.). Dies ist der zentrale Vorteil von Beratern: Sie stehen außerhalb des Klientensystems, sodass sie den blinden Fleck des Beobachters erster Ordnung sichtbar machen können. Die „Berechtigung für Berater(innen), überhaupt in eine Organisation einzudringen, liegt nicht darin, dass sie etwas ‚besser' wissen oder können. Sie liegt ausschließlich darin, dass sie etwas anderes sehen (beobachten) als die Organisation und ihre Verantwortlichen" (Willke 1996, S. 205). Berater als Beobachter zweiter Ordnung

können vom Klienten verwendete Unterscheidungen wie z. B. nicht mehr hinterfragte Gewinn- oder Machtziele, Ursache-Wirkungs-Zusammenhänge oder Freund-Feind-Schemata beobachten und damit kontingent setzen. Konkret: Wenn man die Gründe für eine erfolglose Kampagne nur innerhalb der Kampagne sucht (z. B. zu geringes Budget, falsche Bildmotive), werden andere mögliche Gründe wie z. B. das unzureichende Produkt oder die parallel laufende Kampagne des Marktführers unberücksichtigt bleiben (Abb. 2.3).

Berater erhöhen mit diesen (mitgeteilten) Beobachtungen zweiter Ordnung damit die Reflexivität des Klientensystems. Der Klient lernt andere Sichtweisen sowie Ansprüche kennen und damit etwas über die Einschränkungen sowie Risiken seiner eigenen Perspektive. Insgesamt kann der Berater dank seiner Beobachtungsperspektive nicht nur neue Sichtweisen und Ansprüche, sondern auch ganz andere Lösungsoptionen aufzeigen.

Hier wird erstmals deutlich, dass Berater mehr sehen, wenn sie sich deutlich vom Klienten unterscheiden. Damit zeigt sich eine der ältesten Unterscheidungen in den Berater-Klienten-Beziehungen: die Unterscheidung von Nähe vs. Distanz (Zech 2013, S. 108; Abschn. 6.1). Einerseits kann ein Berater nur etwas sehen, wenn er ein Problem mit *anderen* Unterscheidungen beobachtet – eine Andersartigkeit ist also hilfreich. Andererseits braucht er Nähe zum Klienten, um ihn bzw. seine Organisation zu verstehen.

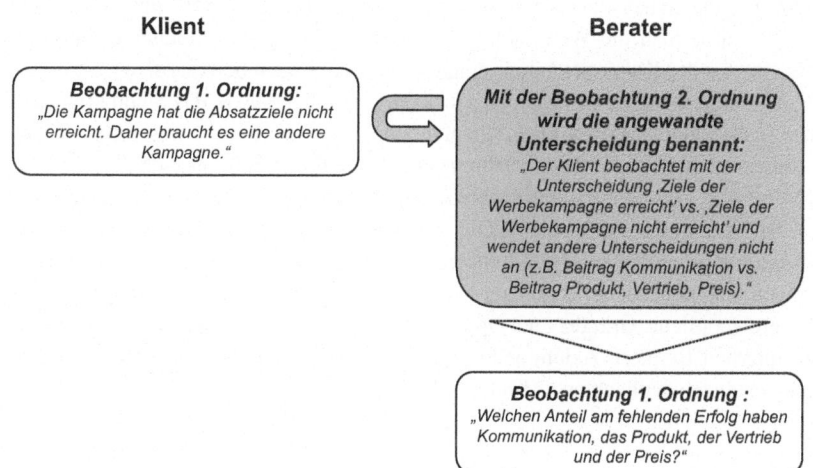

Abb. 2.3 Beispiel für Klienten- und Beraterbeobachtungen

Auf diese Weise öffnen Berater die entscheidungsbezogene Kontingenz: Berater zeigen alternative Sichtweisen auf, wie etwas gewesen sein könnte, was die Gründe hierfür gewesen sein könnten oder was man tun könnte. Konkret können Kommunikationsberater durch ihre Beobachtung zweiter Ordnung *erstens* sehen, wie Klienten die Welt beobachten. *Zweitens* können sie diese Beobachtungen durch das Verwenden zusätzlicher Unterscheidungen ergänzen und damit neue Perspektiven in die Entscheidungssituation einführen. Auf diese Weise können Kommunikationsberater sowohl bei der Identifikation bislang unbekannter Anspruchsgruppen oder Issues als auch bei der Analyse von Ursache-Wirkungs-Beziehungen und schließlich bei zusätzlichen Lösungsoptionen weiterhelfen. Das ist die öffnende Dimension der Beratung. Berater ermöglichen Klienten neue Einblicke, neue Optionen und erleichtern damit Varietät. Entscheidungsbezogene Kontingenz öffnen Berater im Laufe eines Beratungsprozesses mehrfach: Es beginnt bei der Orientierung, setzt sich fort bei der Analyse und endet bei der Entwicklung von Lösungen.

Einerseits sind diese Beobachtungen zweiter Ordnung der Berater den Beobachtungen erster Ordnung der Klienten überlegen. Denn sie sehen, wie ein Klient die Welt beobachtet. Damit stellen Beobachtungen zweiter Ordnung von Was- auf Wie-Fragen um. Andererseits stoßen auch Berater an ihre Grenzen, weil auch sie mit ihren „eigenen Unterscheidungen naiv" (Fuchs und Luhmann 1989, S. 217) verfahren. Weil aber der zentrale Vorteil von Beratern in der Beobachtung zweiter Ordnung besteht, mit der sie die Beobachtung erster Ordnung kontingent setzen, sollte ihnen bewusst sein, dass es keine objektive Welt gibt. Sie sollten wissen, dass man die Welt auch anders beobachten könnte. Berater sollten sich also immer der Kontingenz ihrer eigenen Beobachtungen bewusst sein.

Die Überwindung des blinden Flecks des Klienten sowie das Sichtbarmachen der Beobachtungslatenzen des Klienten sind damit die beiden wesentlichen Vorteile, mit denen Berater zur Öffnung der Kontingenz beitragen (Abb. 2.4). Das Motto von Kommunikationsberatern lautet damit „Ich sehe was, was Du nicht siehst" (Luhmann 1993). Sie machen sichtbar, was Klienten nicht sehen und konfrontieren sie auf diese Art und Weise mit vielen anderen Perspektiven. Sie hinterfragen naheliegende Erklärungen und Lösungen und öffnen damit den Blick für andere mögliche Gründe und Optionen. Externe Berater können im Gegensatz zu internen Beratern zudem auch organisationale blinde Flecken bzw. Beobachtungslatenzen beobachten (Abschn. 4.1).

Klient   Berater

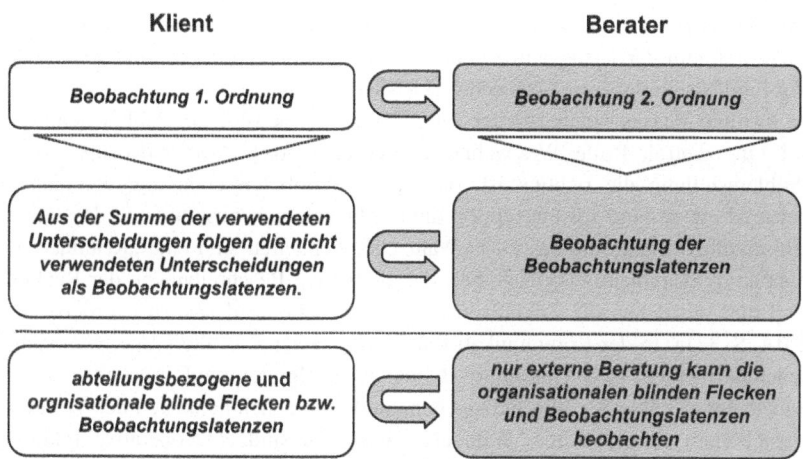

Abb. 2.4 Klienten- und Beraterbeobachtungen im Vergleich

2.3 Schließen der Kontingenz

Was wäre der Wert von Beratung, wenn Berater ihre Klienten mit den vielen zusätzlichen Issues, Anspruchsgruppen, Erklärungen und Lösungsoptionen alleine ließen? Berater hätten in einem solchen Fall mit ihren Beobachtungen zweiter Ordnung blinde Flecken und Beobachtungslatenzen sichtbar gemacht – und damit einen noch größeren Selektionsdruck und zu einer noch größeren Unsicherheit beigetragen. Nach dem Einführen neuer Erklärungen und neuer Optionen folgt das „Entchaotisieren" (Zech 2013, S. 93): das Schließen der Kontingenz. Berater helfen ihren Klienten dabei, entscheidungsbezogene Kontingenz wieder zu schließen, indem sie z. B. Lösungsoptionen bewerten, die Bewertungen miteinander vergleichen und eine Empfehlung aussprechen.

In den verschiedenen Phasen der Beratung wird auf ganz unterschiedliche Art und Weise Kontingenz geschlossen – dies wird in Kap. 3 konkretisiert. Gemeinsam ist der schließenden Dimension in allen Phasen, dass die zusätzlich gewonnen Entwicklungen und Ursachen in der Analysephase oder die entwickelten Handlungsoptionen in der Lösungsphase bewertet werden. Damit

entscheidet der Klient in einer Situation, in der er einerseits um den Möglichkeitsspielraum der Ursachen bzw. der Lösungen, andererseits um die jeweiligen
Vor- und Nachteile sowie Chancen und Risiken weiß.

In allen Phasen spielt bei der schließenden Dimension die Wahrscheinlichkeit eine zentrale Rolle: Wie wahrscheinlich ist es, dass diese und keine andere
Problemstellung die richtige ist, dass diese Problembeschreibung die plausibelste ist, dass diese Lösungsoption die erfolgversprechendste ist und dass diese
Umsetzungsvariante die beste ist? Wahrscheinlichkeiten sind eine „Realitätsver-
dopplung" (Luhmann 2000b, S. 58), die alternative Beschreibungen der Realität
sind und mit denen die Zukunft erwartbar gemacht werden kann (Vorderstraße
2014, S. 321). In der Kommunikationsberatung lautet z. B. die Frage, wie wahrscheinlich es ist, dass Option A, B oder C erfolgreich sind. Anstatt sich der
unbekannten Zukunft völlig hinzugeben, sind Wahrscheinlichkeiten der Versuch,
Unsicherheit zu reduzieren. Wahrscheinlichkeiten sind eine operative Fiktion,
die Fiktion von Sicherheit suggerieren können (Vorderstraße 2014, S. 322). Sie
sind damit ein Teil des Versprechens der Berater, auf das sich Klienten niemals
berufen können. Denn unausgesprochen besteht Klarheit darüber, dass auch
Berater den Ausgang nicht kennen – es sich bei Wahrscheinlichkeiten also „um
reine Fiktionen handelt" (Esposito 2007, S. 31).

2.4   Rolle des Beraters bei der entscheidungsvorbereitenden Diskussion

Was ist die Rolle des Beraters, nachdem neue Issues bzw. Lösungsoptionen
zunächst benannt, anschließend bewertet wurden und abschließend eine Empfehlung gegeben wurde? Seine Rolle ist es, in der Diskussion die entsprechenden
Vor- und Nachteile der Optionen zu aktualisieren, damit der Klient die Entscheidung im Bewusstsein der Nachteile bzw. Risiken der präferierten Option
trifft. Diese Aufgaben weisen Beratern die Rolle des unbequemen Zweiflers,
Bedenkenträgers und Querdenkers zu, die es anzunehmen gilt. Dies unterscheidet sich aber kategorial vom ‚Kämpfen' für eine Lösungsalternative, das
im idealtypischen Sinne keine Beratung mehr ist. Letztlich muss sich ein Berater
selbstkritisch hinterfragen, ob seine Argumentation nur der Aktualisierung von
Vor- und Nachteilen dient oder ob er – aus Gründen der Eitelkeit oder der Verkaufsorientierung – wie ein Entscheider für eine Lösung kämpft. Damit wird
auch deutlich, dass der Berater bei der entscheidungsvorbereitenden Beratung

zwar einerseits hilft, entscheidungsbezogene Kontingenz zu schließen, gleichwohl aber andererseits in dieser Situation mitunter auch Kontingenz wieder öffnet. So siedelt Zech (2013, S. 91) einen Berater zwischen einem reinen Moderator und einem Besserwisser an: „Eine professionelle beraterische Haltung hingegen hält sich in Distanz zum Kundensystem, verweigert zwar keine eigenen Positionierungen, nimmt dem beratenen System aber auch keine Entscheidungen ab oder sagt ihm schlicht, was zu tun ist."

Ein Berater im hier vorgestellten Verständnis wird dabei immer auch reflektieren, dass er trotz seiner Beobachtung zweiter Ordnung und seiner Fachexpertise kein ‚besseres' Wissen hat als sein Klient. „Berater, die davon überzeugt sind, dass ihre Theorie ein Abbild der Wirklichkeit liefert und Kausalzusammenhänge erfasst, die objektiv wahr sind, werden ein anderes Beziehungsangebot machen als Konstruktivisten, die davon ausgehen, dass jede Theorie ein Konstrukt ist und man dieselben Phänomene auch anders erklären könnte" (Simon 2014, S. 121).

Relevanz der ‚Sprache' und ‚Logik' des Klientensystems

Das führt zur Frage, wie die Analysen, Lösungen und Argumente in der entscheidungsvorbereitenden Diskussion vom Klientensystem als sozialem System ‚verstanden' werden. Wenn man diese Interventionen als Steuerungsversuch des Beraters gegenüber dem Klienten verstünde (z. B. Willke 1996), würde damit der Berater erneut zum Quasi-Entscheider verklärt. Aber es geht gerade nicht darum, den Klienten zu einer Alternative drängen zu wollen, sondern vielmehr Optionenvielfalt zu schaffen und damit zur Kontingenzreflexion beizutragen.

Gleichwohl stehen Berater vor dem benannten Problem, dass sie das Beratungssystem und damit das Klientensystem nur irritieren können. Soziale Systeme als autopoietische Systeme sind operativ geschlossen und lassen sich nur irritieren. Die Analysen und Lösungsoptionen der Berater sind zunächst lediglich Rauschen, das in der Klientenorganisation nur auf Basis der eigenen Strukturen sinnverarbeitet werden kann. Zur Abarbeitung dieses ‚Berater-Rauschens' haben sich im Klientensystem Strukturen herausgebildet, die auf das Berater- bzw. Beratungssystem gerichtet sind. „Je nach dem, an welche Umweltausschnitte ein System langfristig gekoppelt ist, entwickeln sich im System andere Strukturen – einfach deshalb, weil das System seine Strukturen aus Anlass von spezifischen Irritationen aufbaut und ändert" (Luhmann 1994, S. 41). Berater- und Beratungssystem bzw. Beratungssystem und Klientensystem sind daher strukturell gekoppelt (Seidl und van Aaken 2007, S. 185).

Auf der Seite des Beratersystems bestehen solche Strukturen u. a. im – mit zunehmender Dauer der Beratung – wachsenden Wissen zum Klientensystem bzw. zur Klientenorganisation. Dieses Wissen ist zunächst die Voraussetzung für das Öffnen und Schließen der Kontingenz in der Beratung. Zudem sollten Berater auch eine Vorstellung von der ‚Sprache' (z. B. die Verwendung spezifischer Begriffe) oder der ‚Logik' der Klientenorganisation (z. B. die Relevanz spezifischer Ziele) haben. Die Kenntnis dieser Strukturen ist die Voraussetzung dafür, die Analysen und Lösungen möglichst so mitzuteilen, dass sie auch verstanden werden. Denn „Perturbationen werden mit umso größerer Wahrscheinlichkeit vom perturbierten Subsystem adäquat strukturell abgearbeitet, je höher der Grad an struktureller Kopplung der funktionalen Kommunikationssysteme ist" (Druwe und Görlitz 1992, S. 155). Pointiert formuliert: Je genauer ein Berater den Klienten kennt, desto besser spricht er die ‚Sprache' des Klienten und kann mit seinen Argumenten an der ‚Logik' der Klientenorganisation ansetzen, um z. B. die Probleme und Risiken dieser Logik für die strategische Kommunikation zu verdeutlichen.

Auf der Seite des Klientensystems kann man das Ausmaß solcher Strukturen auch als Ausmaß der Beratungsoffenheit des Klientensystems interpretieren. Ein Klient, der sich auf den Berater nicht einlässt und gar nicht erst versucht, seine Beobachtungen und Lösungsalternativen zu verstehen bzw. zu prüfen, verschließt sich der Beratung.

Diese gekoppelten Strukturen sind damit die auf die andere Seite gerichteten Beobachtungsstrukturen. Und damit wird deutlich, dass sich Berater und Klienten einerseits mit zunehmender Dauer der Zusammenarbeit immer besser ‚verstehen', aber genau dieses bessere Verstehen in bewährten Strukturen besteht – und damit zu neuen Beobachtungslatenzen führt.

2.5   Funktion der Kommunikationsberatung

Aus diesen Überlegungen lässt sich die Funktion allgemeiner Beratung ableiten, die Aspekte anderer Ansätze aufgreift (z. B. Baecker 2003, S. 327; Steiner 2009, S. 69; Zech 2013): Beratung öffnet zunächst die entscheidungsbezogene Kontingenz und bringt damit zusätzliche Optionen hervor, bevor sie beim Schließen entscheidungsbezogener Kontingenz hilft. Das Versprechen von Beratung besteht darin, dass der Klient eine reflektiertere Entscheidung treffen kann, weil er die Situation überschaut und zusätzliche Entscheidungsoptionen mit ihren Vor- und Nachteilen sowie Chancen und Risiken kennt. Daraus lässt sich die Funktion der Kommunikationsberatung ableiten, die an andere systemtheoretische Konzepte anknüpft und sie weiterentwickelt (z. B. Steiner 2009, S. 69; Röttger und Zielmann 2012, S. 47):

▶ **Kommunikationsberatung** Kommunikationsberatung öffnet zunächst die entscheidungsbezogene Kontingenz und bringt damit zusätzliche Optionen zum Management der kommunikativen Beziehungen zu internen und externen Bezugsgruppen hervor, bevor sie beim Schließen entscheidungsbezogener Kontingenz hilft.

Kommunikationsberater können durch ihren externen Beobachterstandpunkt Klienten beim Öffnen und Schließen entscheidungsbezogener Kontingenz unterstützen. Dadurch können sie die Klientenbeobachtungen ihrerseits beobachten und kontingent setzen. Die verschiedenen Beispiele haben aber auch gezeigt, dass es hierzu eine Fachexpertise bzw. Fachwissen braucht. Hierin unterscheidet sich der Ansatz dieses Buches von der reinen Lehre systemischer Beratung, die sich ausschließlich auf die Prozessexpertise stützt. Damit wird deutlich, dass sich bei einer gelingenden Kommunikationsberatung aufseiten der Berater zwei Aspekte gegenseitig bedingen: die Beobachtungen zweiter Ordnung und die Fachexpertise. Berater ohne ein Verständnis von Kaufentscheidungsprozessen, Wählerverhalten, Mediensystemen oder (Kommunikations-)Managementmethoden sehen bei der Analyse weniger als Berater, die über das jeweils relevante Fachwissen verfügen. „Alles, was Laien von Experten unterscheidet, ist die Kunst der genaueren Beobachtung. Die Expertin sieht ‚mehr‘." (Willke 1996, S. 12). Dabei geht es um Fakten- bzw. theoretisches Wissen ebenso wie um Erfahrungswissen, das Berater im Rahmen früherer Beratungsaufträge gewonnen haben. Gleichwohl ist das Beraterwissen immer nur im Kontext relevant – also in der konkreten Beratungssituation. Aus diesem Grund sind die Beschreibungen und Analysen des Klienten als Beobachter erster Ordnung so relevant.

Kommunikationsberatung und die vier klassischen Beratungsfunktionen
Die Beobachtung zweiter Ordnung und das Fachwissen beeinflussen damit den Erfolg der Kommunikationsberatung. Gleichwohl kommt ihnen bei unterschiedlichen Aufgabenstellungen bzw. Erwartungen eines Beratungsmandates jeweils eine unterschiedliche Relevanz zu. Dies wird im Folgenden am Beispiel der klassischen vier Beratungsfunktionen gezeigt, die in traditionellen Beratungskonzepten der Organisationsberatung zugewiesen werden und die als Ausprägungen der oben genannten allgemeinen Funktion der Kommunikationsberatung verstanden werden können: die Wissenstransferfunktion, die Innovationsfunktion, die Objektivierungsfunktion und die Kapazitätserweiterungsfunktion. Aus einer systemtheoretischen Perspektive müssen diese zwar deutlich eingeschränkt bzw. neu konzeptionalisiert werden (Mohe 2003, S. 82 ff.). Aber im

Kern bleiben diese Funktionen – und damit auch die Gründe zur Beauftragung von Kommunikationsberatung – erhalten (Abb. 2.5).

Wenn bisher vor allem der externe Beobachterstandpunkt ausgeführt wurde, kommt dies der *Objektivierungsfunktion* recht nahe, die auch in traditionellen Beratungskonzepten dazu dient, das bestehende Set an Erfahrungen und Routinen von Klienten einer ‚gutachterlichen' Überprüfung zu unterziehen (Mohe 2003, S. 66). Wenn man diese Objektivierungsfunktion nicht als naiv verstandene Objektivität, sondern als Beobachtung zweiter Ordnung eines Außenstehenden versteht, ist diese Funktion der Kern des hier vertretenen Beratungsverständnisses. Klienten suchen hier vor allem den Blick eines Unbeteiligten.

Damit hängt eng die *Innovationsfunktion* zusammen, die in traditionellen Beratungskonzepten darauf zielt, Schwachstellen auszumerzen und die Funktionsweise zu optimieren bzw. effizienter zu gestalten, indem Berater neue Verfahren und Methoden entwickeln oder günstige Rahmenbedingungen für Innovationen schaffen (Mohe 2003, S. 66). Ein aufgeklärtes Verständnis der Innovationsfunktion macht auch in einer systemtheoretischen Perspektive Sinn. In einer solchen Perspektive wird Rechnung getragen, dass Wissen und Lösungen immer kontextorientiert sind – es also keine idealen Normlösungen geben kann. Zudem werden die Probleme einer Änderung hin zu einer Innovationskultur gesehen, über die Klienten nicht nur entscheiden, sondern sie organisationsweit auch umsetzen müssen.

Die *Wissenstransferfunktion* zielt in traditionellen Beratungskonzepten darauf, dass der Berater Know-how in die Klientenorganisation ‚überträgt'. Da in einer systemtheoretischen Perspektive Informationen und Wissen immer nur innerhalb von Systemen und damit Organisationen existieren, kann Wissen nicht ‚transferiert' werden. Zudem gibt es kein überlegenes Wissen: Weder das Beraterwissen noch das wissenschaftliche Wissen, mit dem sich Berater mitunter gerne brüsten, sind dem Klientenwissen per se überlegen. Eine aufgeklärte Wissens‾ transferfunktion wird in der Kommunikationsberatung vielfach nachgefragt. Ein

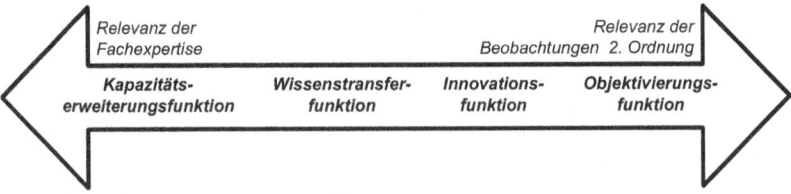

Abb. 2.5 Die Relevanz der Fachexpertise und Beobachtungen zweiter Ordnung für die verschiedenen Funktionen der Kommunikationsberatung

Familienunternehmen, das vor einem Börsengang steht, verfügt über keiner-
lei Wissen zu den gesetzlichen Regularien und weiß wenig über die konkreten
Erwartungen der Zielgruppen. Vor der Umsetzung möchte es sich erst einmal
grundsätzlich zum Feld beraten lassen. Dies entspricht dem ‚Lernen null' von Bateson (1985, S. 368 ff.), bei dem wie bei einem Erstklässler, der Lesen und Schreiben
lernt, nichts verlernt werden muss (Baecker 2003, S. 192 f.). Die Wissenstransferfunktion ist insbesondere dort vielfach zu beobachten, wo eine Organisation sich
auf ein für sie noch weitgehend unbekanntes Feld begibt: z. B. der mögliche Einsatz sozialer Medien oder von Kommunikationscontrollinginstrumenten.

Damit hängt eng die *Kapazitätserweiterungsfunktion* zusammen, die sich
in traditionellen Beratungskonzepten vor allem auf Aufgaben bezieht, die das
beratene Unternehmen zwar selbst bewältigen könnte, wo sich aber ein dauer-
hafter Ausbau der Managementkapazitäten wegen des temporären Bedarfs nicht
lohnt (Nicolai 2010, S. 138 ff.). Für das Beispiel des Börsengangs macht eine
Kapazitätserweiterungsfunktion auch in dem hier vorgestellten Verständnis von
Kommunikationsberatung Sinn, wenn die Externen nicht als Interimsmanager in
eine Entscheiderrolle wechseln.

An diesen Funktionen der traditionellen Beratungskonzepte kann also auch
in einer systemtheoretischen Perspektive festgehalten werden. Anders verhält es
sich mit den latenten Funktionen von Beratung. Diese mögen zwar auch in Kommunikations'beratungs'konstellationen immer wieder zu beobachten sein. In
solchen Fällen kann aber nicht mehr von einer idealtypischen Beratung im hier
vorgestellten Sinne gesprochen werden (Steiner 2009, S. 71). Dazu zählen die
Politikfunktion, wenn Berater den Klienten bei der Durchsetzung einer bereits
getroffenen Entscheidung unterstützen sollen, ebenso wenig wie die *Durchset-
zungsfunktion,* wenn für eine bereits getroffene Entscheidung Unterstützung
mobilisiert werden soll. Auch die *Legitimierungsfunktion* ist keine Beratung, da
Manager ihre Verantwortung auf Berater abwälzen wollen (Mohe 2003).

Besonderheiten der Kommunikationsberatung
Wie auch das strategische Kommunikationsmanagement selbst, so hat auch die
Kommunikationsberatung eine doppelte Wirkungsrichtung (Hoffjann 2009;
Röttger 2008). In der Regel zielt der Beratungsbedarf von Klienten auf Lösungen,
mit denen sie Bezugsgruppen effizienter adressieren können. Dies ist die *externe
Wirkungsrichtung.* Dazu zählen klassische Kommunikationskampagnen und
-maßnahmen. Mitunter kann es aber erfolgversprechender und damit wirtschaftlicher sein, dass die Organisation zunächst ein Produkt verbessert oder auf ein
umstrittenes Produktionsverfahren verzichtet, bevor dazu Kommunikationsmaßnahmen entwickelt werden. Bei dieser *internen Wirkungsrichtung* geht es darum,

Wahrnehmungen bzw. Vorbehalte der Bezugsgruppen der Organisation mitzuteilen. Beispiele für diese interne Wirkungsrichtung reichen von einer singulären Entscheidung wie z. B. die Aufgabe eines als umweltschädlich kritisierten Produktionsverfahrens bis hin zu einem umfassenden Organisationswandel, um den (normativen) Erwartungen wichtiger Bezugsgruppen zu entsprechen. Ein klassisches Beispiel hierfür sind Change-Prozesse in privatisierten einstigen Staatsunternehmen wie der *Telekom,* in denen es darum geht, dass die einstigen ‚Bittsteller' als Kunden angesehen und behandelt werden. Spätestens hier wird deutlich, wie fließend die Grenzen der Kommunikationsberatung zu anderen Teilen der Organisationsberatung sind. Oder anders formuliert: Wie sehr Fragen der Kommunikationsberatung auch von anderen Organisationsberatern bedient werden.

Damit lässt sich weiter spezifizieren, wie Kommunikationsberatung ihre Funktion, zunächst die entscheidungsbezogene Kontingenz zu öffnen und beim Schließen entscheidungsbezogener Kontingenz zu helfen, erfüllt.

Besonderheiten der Kommunikationsberatung

- *Kommunikationsberater kombinieren Expertenwissen mit dem Vorteil des externen Blicks,* um dem Klienten neue Einblicke zu ermöglichen. Daraus folgt, dass jegliches Wissen und jede Lösung immer kontextorientiert ist und es keine idealen Normlösungen gibt.
- *Kommunikationsberater entscheiden nicht:* Kommunikationsberater lassen ihre Klienten mit ihren Analysen und Lösungsoptionen nicht alleine, sondern beraten sie bei der Entscheidung. Sie entscheiden aber nicht und drängen den Klienten auch nicht als Quasi-Entscheider zu einer Alternative.
- *Kommunikationsberater sind keine Umsetzer:* Zwar ist es eher die Regel als die Ausnahme, dass eine Agentur berät *und* umsetzt. Zudem gibt es Hybridrollen, nach denen ein Mitarbeiter einer Agentur sowohl berät als auch später Maßnahmen umsetzt. Funktional gesehen sind diese aber zwei unterschiedliche Sphären. So praxisfern dies erscheinen mag und so schwierig diese Rollentrennung im Alltag sein mag, so konstitutiv ist dies für Beratung im Allgemeinen und für Beratungsqualität im Besonderen.

Damit helfen Kommunikationsberater ihren Kunden, am Ende aufgeklärter zu entscheiden, als sie es ohne Beratung getan hätten. Dies heißt aber nicht, dass sich die Entscheidung im Nachhinein immer als ‚besser' herausstellt als die

Entscheidungsalternative, die der Klient vor dem Beratungsprozess präferiert hat. Denn der „Sinn der Beratung liegt darin, das System nicht etwa mit ‚richtigen' Entscheidungen zu versorgen, sondern darin, es optionsfähig zu machen" (Baecker 2003, S. 327).

Systemtheoretisches Beratungsverständnis als Idealtypus
Das systemtheoretische Beratungsverständnis ist idealtypisch und in höchstem Maße voraussetzungsreich: „Beratung ist keine unmögliche Dienstleistung, sie ist aber hochgradig anforderungsreich und wird in ihrer reinen, idealtypischen Form in der Wirklichkeit so nicht zu finden sein. Dennoch ist eine graduelle Annäherung denkbar und möglich. Der Beratungsgehalt einer empirischen Dienstleistung, sprich: *ihre Beratungsqualität, ist umso höher, je näher sie den funktionalen und formalen Bestimmungsmerkmalen des Idealtypus kommt.*" (Steiner 2009, S. 239; Hervorhebung: OH). Im weiteren Verlauf soll bewusst mit diesem allgemeinen Verständnis von Beratungsqualität gearbeitet werden. Ein solches Verständnis von Beratungsqualität ist anschlussfähig an traditionelle Verständnisweisen zur Beratungsqualität, die u. a. Faktoren wie die fachliche Kompetenz und persönliche Charaktereigenschaft der Berater oder Kommunikationswirkungen in den Vordergrund stellen (z. B. Fuhrberg 2010, S. 334 ff.; Zerfass und Thobe 2013a, b).

Abweichungen vom Idealtypus bedrohen die Autonomie der Beratung und gefährden damit ihre Qualität. All dies heißt nicht, dass Agenturen künftig nur noch beraten sollten. In einer praxisorientierten Perspektive geht es darum, dass Klienten die eigentliche Funktion von Beratung kennen und dann insbesondere zwei Fragen beantworten können. Erstens: In welchen Situationen wollen sie sich Beratung gönnen – und in welchen verzichten sie bewusst darauf? Und zweitens: Inwieweit gewährleisten ihre derzeitigen Beratungssettings eine autonome Beratung, und wie sind sie ggf. zu optimieren?

Literatur

Baecker, D. 2003. *Organisation und Management.* Frankfurt a. M.: Suhrkamp.
Bateson, G. 1985. *Ökologie des Geistes. Anthropologische, psychologische, biologische und epistemologische Perspektiven.* Frankfurt a. M.: Suhrkamp.
Druwe U., und A. Görlitz. 1992. Politikfeldanalyse als mediale Steuerung. In *Politische Steuerung: Steuerbarkeit und Steuerungsfähigkeit. Beiträge zur Grundlagendiskussion,* Hrsg. H. Bußhoff, 143–164. Baden-Baden: Nomos-Verlag.
Esposito, E. 2007. *Die Fiktion der wahrscheinlichen Realität.* Frankfurt a. M.: Suhrkamp.
Foerster, H. von. 1993. *Wissen und Gewissen. Versuch einer Brücke* (Hrsg. S.J. Schmidt). Frankfurt a. M.: Suhrkamp.

Froschauer, U., und M. Lueger. 2010. Reflexiv-differenzierende Organisationsberatung. Überlegungen zur Kombination von Prozess- und Fachberatung. In *Organisation und Intervention. Ansätze für eine sozialwissenschaftliche Fundierung von Organisationsberatung*, Hrsg. S. Kühl und M. Moldaschl, 7–28. München: Hampp.

Fuchs, P. 1994. Und wer berät die Gesellschaft? Gesellschaftstheorie und Beratungsphänomen in soziologischer Sicht. In *Beratungsgesellschaft*, Hrsg. P. Fuchs und E. Pankoke, 67–77. Schwerte: Katholische Akademie Schwerte.

Fuchs, P. 2010. *Diabolische Perspektiven: Vorlesungen zu Ethik und Beratung.* Münster: LIT.

Fuchs, P., und N. Luhmann. 1989. *Reden und Schweigen.* Frankfurt a. M.: Suhrkamp.

Fuhrberg, R. 2010. *PR-Beratung: Qualitative Analyse der Zusammenarbeit zwischen PR-Agenturen und Kunden.* Konstanz: UVK.

Hoffjann, O. 2009. Public Relations als Differenzmanagement von externer Kontextsteuerung und interner Selbststeuerung. *Medien & Kommunikationswissenschaft* 57 (3): 299–315.

Iding, H. 2000. *Hinter den Kulissen der Organisationsberatung. Qualitative Fallstudien von Beratungsprozessen im Krankenhaus.* Opladen: Leske + Budrich.

Königswieser, R., E. Sonuc, J. Gebhardt, und M. Hillebrand. 2006. *Komplementärberatung. Das Zusammenspiel von Fach- und Prozess-Know-how.* Stuttgart: Schäffer-Poeschel.

Kühl, S. 2009. Zum Verhältnis von Beobachtungs- und Kommunikationslatenzen in Beratungsprozessen. In *Organisationsberatung beobachtet. Hidden Agendas und Blinde Flecke*, Hrsg. F. von Ameln, J. Kramer, und H. Stark, 128–138. Wiesbaden: VS-Verlag.

Luhmann, N. 1991. Wie lassen sich latente Strukturen beobachten? In *Das Auge des Betrachters. Beiträge zum Konstruktivismus. Festschrift für Heinz von Foerster*, Hrsg. P. Watzlawick und P. Krieg, 61–74. Heidelberg: Carl-Auer.

Luhmann, N. 1993. Ich sehe was, was Du nicht siehst. In *Soziologische Aufklärung 5: Konstruktivistische Perspektiven*, 2. Aufl, Hrsg. N. Luhmann, 228–234. Wiesbaden: Westdeutscher Verlag.

Luhmann, N. 1994. *Die Wissenschaft der Gesellschaft.* Frankfurt a. M.: Suhrkamp.

Luhmann, N. 1996. *Soziale Systeme. Grundriss einer allgemeinen Theorie.* Frankfurt a. M.: Suhrkamp.

Luhmann, N. 2000a. *Organisation und Entscheidung.* Wiesbaden: Westdeutscher Verlag.

Luhmann, N. 2000b. *Die Religion der Gesellschaft.* Frankfurt a. M.: Suhrkamp.

Mohe, M. 2003. *Klientenprofessionalisierung. Strategien und Perspektiven eines professionellen Umgangs mit Unternehmensberatung.* Marburg: Metropolis-Verlag.

Moldaschl, M. 2001. Reflexive Beratung. Eine Alternative zu strategischen und systemischen Ansätzen. In *Soziologische Beratungsforschung. Perspektiven für Theorie und Praxis der Organisationsberatung*, Hrsg. N. Degele, T. Münche, H.J. Pongratz, und N.J. Saam, 133–158. Opladen: Westdeutscher Verlag.

Moldaschl, M. 2010. Reflexive Organisationsberatung. In *Organisation und Intervention. Ansätze für eine sozialwissenschaftliche Fundierung von Organisationsberatung*, Hrsg. S. Kühl und M. Moldaschl, 271–301. München: Hampp.

Moldaschl, M. 2015. Reflexive Beratung – Ein Geschäftsmodell. In *Innovative Beratungskonzepte. Ansätze, Fallbeispiele, Reflexionen*, Hrsg. M. Mohe, 43–68. Wiesbaden: Springer VS.

Nicolai, A. T. 2010. Kann Unternehmensberatung Wissenschaftsanwendung sein? In *Organisation und Intervention*. *Ansätze für eine sozialwissenschaftliche Fundierung von Organisationsberatung*, Hrsg. S. Kühl und M. Moldaschl, 135–150. München: Hampp.

Opitz, S. 2018. *Dienstleister für politische Kommunikation in Deutschland Exploration der Branche durch Typologisierung*. Wiesbaden: SpringerVS.

Röttger, U. 2008. Public Relations. In *Handbuch Kommunikation. Grundlagen, innovative Ansätze, praktische Umsetzungen*, Hrsg. M. Bruhn, F.-R. Esch, und T. Langner, 67–83. Wiesbaden: Gabler.

Röttger, U., und J. Preusse. 2013. External Consulting in Strategic Communication: Functions and Roles Within Systems Theory. *International Journal of Strategic Communication* 72:99–117.

Röttger, U., und S. Zielmann, Hrsg. 2009a. *PR-Beratung. Theoretische Konzepte und empirische Befunde*. Wiesbaden: VS Verlag.

Röttger, U und, S. Zielmann. 2009b. Entwurf einer Theorie der PR-Beratung. In *PR-Beratung. Theoretische Konzepte und empirische Befunde*, Hrsg. U. Röttger und S. Zielmann, 35–58. Wiesbaden: VS-Verlag.

Röttger, U., und S. Zielmann. 2012. *PR-Beratung in der Politik: Rollen und Interaktionsstrukturen aus Sicht von Beratern und Klienten*. Wiesbaden: VS-Verlag.

Schieder, A. 2016. *Kommerzielles Lobbying und Public Affairs-Management. Bestandsaufnahme und Analyse privater Dienstleister in der „Berliner Republik"*. Wiesbaden: SpringerVS.

Schimank, U. 2005. *Die Entscheidungsgesellschaft. Komplexität und Rationalität der Moderne*. Wiesbaden: VS Verlag.

Schöller, C. 2018. *Berater-Klienten-Interaktion in der PR-Beratung. Theoretische Fundierung und empirische Analyse einer komplexen Dienstleistung*. Springer VS: Wiesbaden.

Seidl, D., und D. van Aaken2007. Praxistheorie vs. Systemtheorie: Alternative Perspektiven der Beratungsforschung. Arbeit. *Zeitschrift für Arbeitsforschung, Arbeitsgestaltung und Arbeitspolitik* 16 (3): 177–190.

Simon, F.B. 2014. *Einführung in die (System-) Theorie der Beratung*. Heidelberg: Carl-Auer.

Steiner, A. 2009. *System Beratung. Politikberater zwischen Anspruch und Realität*. Bielefeld: Transcript.

Szyszka, P. 2009. Kommunikationsberatung als Beobachtung dritter Ordnung. Versuch einer systemtheoretischen Vermessung. In *PR-Beratung. Theoretische Konzepte und empirische Befunde*, Hrsg. U. Röttger und S. Zielmann, 59–71. Wiesbaden: VS-Verlag.

Vorderstraße, S. 2014. *Zeit und Politikberatung. Eine systemtheoretische Analyse*. Wiesbaden: SpringerVS.

Weick, K.E., und F. Westley. 1996. Organizational learning: affirming an Oxymoron. In *Handbook of Organizational Studies*, Hrsg. S. Clegg, C. Hardy, und W.R. Nord, 440–458. London: Sage.

Willke, H. 1996. *Systemtheorie II: Interventionstheorie*, 2. Aufl. Stuttgart: Lucius & Lucius.

Wimmer, R. 2012. *Organisation und Beratung: systemtheoretische Perspektiven für die Praxis*, 2. Aufl. Heidelberg: Carl-Auer.

Wimmer, R., K. Glatzel, und T. Lieckweg. Hrsg. 2014. *Beratung im Dritten Modus. Die Kunst, Komplexität zu nutzen*. Heidelberg: Carl-Auer.

Zech, R. 2013. *Organisation, Individuum, Beratung. Systemtheoretische Reflexionen*. Göttingen: Vandenhoeck & Ruprecht.

Zerfass, A., und S. Thobe. 2013a. Qualität der Kommunikationsberatung: Kunden-orientierung, Qualitätsverständnis und Handlungsstrategien von PR-Agenturen aus empirischer Perspektive. *PR-Magazin* 4 (49): 64–70.

Zerfaß, A., und S. Thobe. 2013b. Qualität der Kommunikationsberatung: Empirische Studie zum Qualitätsverständnis und zu Handlungsstrategien deutscher PR-Agenturen. http://de.slideshare.net/communicationmanagement/ergebnisbericht-studie-qualitt-der-kom-munikationsberatung-august-2013. Zugegriffen: 5. Okt. 2017.

Prozess der Kommunikationsberatung

3

Zusammenfassung

Der Prozess der Kommunikationsberatung besteht aus der Orientierungs-, Analyse- sowie Lösungsphase. In vielen Beratungsprojekten schließen mehrere Prozesszyklen aneinander an: Im ersten Zyklus wird beispielsweise die Kommunikationsstrategie entwickelt, die in nachfolgenden Zyklen weiter konkretisiert wird. Kommunikationsberatung öffnet und schließt Kontingenz in jeder dieser Phasen. In der Orientierungsphase werden die Aufgabenstellung und das geplante Beratungssetting hinterfragt, bevor Empfehlungen dazu abgegeben werden. In der Analysephase wird das Problem in seinem Kontext mit möglichst vielen Einflussfaktoren analysiert, bevor Kausalschemata als mögliche Erklärungen mit einer anschließenden Bewertung entwickelt werden. In der Lösungsphase schließlich werden zunächst mehrere alternative Handlungsoptionen entwickelt, bevor sie mit ihren jeweiligen Vor- und Nachteilen, Chancen und Risiken vergleichend bewertet werden.

Die Themen der Kommunikationsberatung reichen von strategischen Fragen wie den kommunikationsstrategischen Implikationen einer Unternehmensinvestition bis hin zu umsetzungsorientierten Fragen wie dem Umsetzungskonzept einer Pressekonferenz. So unterschiedlich diese Projekte sind, so durchlaufen sie in der Regel alle dieselben Phasen: In der *Orientierungsphase* werden die grundlegenden Fragen des Beratungsprozesses und des Themas geklärt, in der *Analysephase* werden Ursachen und Rahmenbedingungen recherchiert und in der *Lösungsphase* werden die Handlungsoptionen identifiziert und bewertet, von denen der Klient schließlich eine auswählt.

In aller Regel schließen mehrere Prozesszyklen aneinander an: Im ersten Zyklus wird beispielsweise das Konzept einer Produkteinführungskampagne mit

den einzelnen instrumentellen Teilkampagnen entwickelt. Im zweiten Zyklus
werden ggf. durch spezialisierte Agenturen die Konzepte für die Teilkampagnen
entwickelt, im dritten Zyklus schließlich die Motive für die erste Kampagnen-
welle etc. (Abb. 3.1). So unterschiedlich der Abstraktionsgrad in den einzelnen
Zyklen ist, so durchläuft sowohl eine Strategie- als auch eine Umsetzungs- bzw.
Implementierungsberatung in der Regel alle drei Phasen. Gleichwohl kann
der Umfang der Phasen sehr unterschiedlich sein. So dürfte mit zunehmender
Umsetzungsorientierung die Lösungsphase einen immer größeren Raum einnehmen. Wenn in dem genannten Beispiel alle Beratungszyklen mit derselben
Agentur abgedeckt werden, wird zudem die Orientierungsphase vermutlich
immer kürzer werden – bis sie schließlich kaum mehr erkennbar ist. Dies ist ein
Beispiel dafür, dass Beratungsprozesse von der suggerierten Linearität abweichen
können. Denn Beratung ist „normalerweise kein linearer, kontinuierlicher, algo-
rithmisch gesteuerter Prozess" (Neuberger 2002, S. 157). Tatsächlich können sich
Phasen überlappen, werden wiederholt oder mitunter auch übersprungen. Nur
eines gilt in allen Fällen: Die eigentliche Umsetzung ist nie Teil der Beratung
(ausführlich dazu Abschn. 5.1).

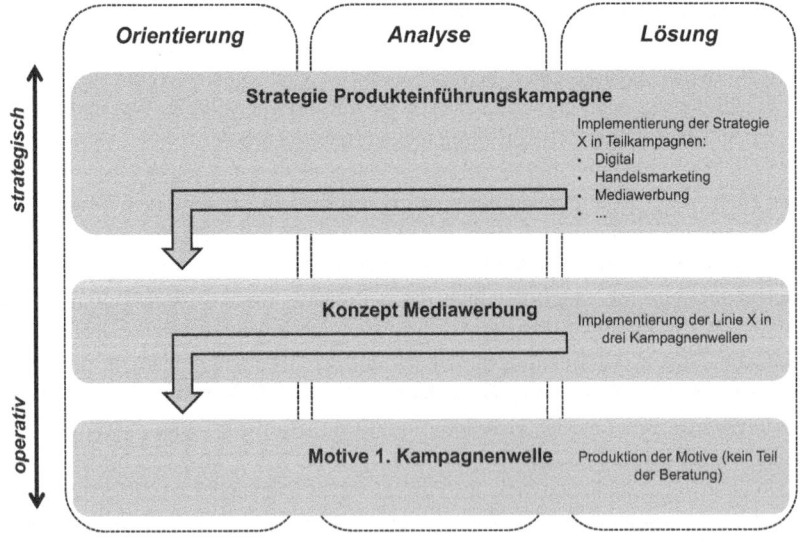

Abb. 3.1 Beratungszyklen am Beispiel einer Kampagnenberatung

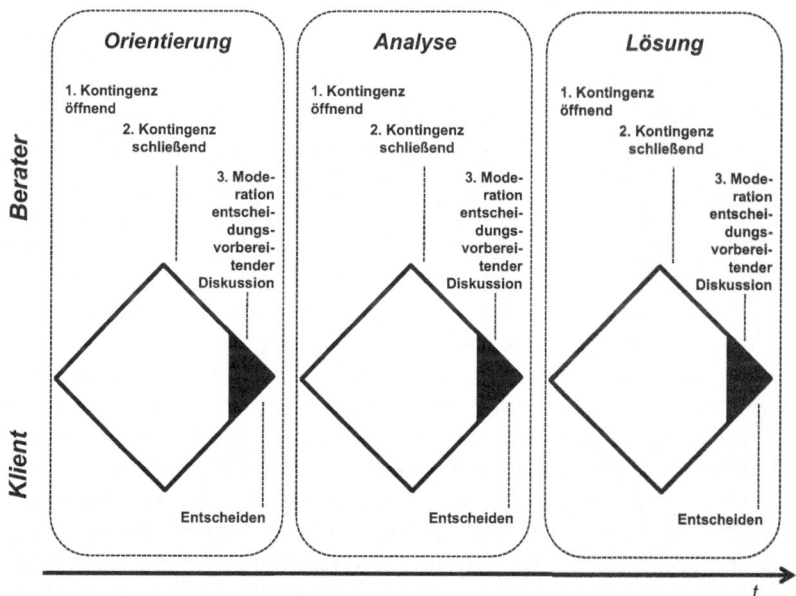

Abb. 3.2 Prozess der Kommunikationsberatung

In jeder Phase helfen Berater ihren Klienten beim Öffnen und Schließen der Kontingenz. Damit wird deutlich, dass in einem Beratungsprozess die Entscheidungsphasen auf zwei Ebenen zu beobachten sind. Einerseits entspricht der Beratungsprozess als Ganzes einem Entscheidungsprozess: von der Problemerkennung über die Analyse des Problems bis hin zur Entwicklung und Bewertung von Handlungsoptionen. Aber auch die einzelnen Phasen sind mit ihrer Kontingenz öffnenden und schließenden Dimension kleine Entscheidungsprozesse (Abb. 3.2). Im Folgenden soll konkretisiert werden, wie Berater entscheidungsbezogene Kontingenz öffnen und beim Schließen entscheidungsbezogener Kontingenz helfen.

3.1 Orientierungsphase

In der Orientierungsphase werden die grundlegenden Fragen für den Beratungsprozess geklärt. Dabei geht es um die Klärung wechselseitiger Erwartungen und die Definition des Problems (Steiner 2009, S. 93). Die Beratung – und damit das erstmalige Öffnen der Kontingenz – beginnt hier bereits vor dem formalen

Beschluss zur Zusammenarbeit. So kann ein Klient einen Kommunikationsberater damit beauftragen wollen, ein Konzept für eine Stadtmarketingkampagne
zu entwickeln, um den Rückgang der Einkaufstouristen zu stoppen. Der Berater
könnte im Rahmen dieser Problembeschreibung zu der Beobachtung kommen,
dass zunächst das Produkt – also z. B. die Einkaufsmöglichkeiten – attrakti-
ver gestaltet werden sollte. Ein solcher Rat könnte dazu führen, dass es gar
nicht zu einer Zusammenarbeit kommt – weswegen ein solcher Rat eine große
Unabhängigkeit des Kommunikationsberaters voraussetzt. Kommt es zu einer
Zusammenarbeit, ist das Ergebnis der Orientierungsphase die inhaltliche Aus-
gangsbasis für den weiteren Beratungsprozess. Das Thema bzw. das zu lösende
Problem der Beratung ist damit die *Sachdimension.*

In der *Zeitdimension* ist zu klären, wie lange der Beratungsprozess dauern soll.
Diese Frage ist für beide Seiten wichtig, um mögliche Enttäuschungen bei aus-
bleibenden schnellen Ergebnissen oder umgekehrt bei ‚Schnellschüssen‘ zu ver-
meiden. Wenn Beratung mitunter die Funktion einer Entschleunigung bzw. eines
Moratoriums zugewiesen wird (Fuchs 2010), dann muss hier insbesondere der
Klient die Frage beantworten, wie viel Zeit er sich und damit dem Berater gibt.

In der *Sozialdimension* stellt sich die Frage nach den Beteiligten. Für die Seite
des Klienten ist zu klären, welche Abteilungen vertreten sein sollten und ob die
Einbindung der Organisationsleitung sinnvoll bzw. erforderlich ist. Für die Seite
der Berater ist zu klären, ob Berater mit weiteren Expertisen hinzuzuziehen sind.

Zu diesen Fragen wird im Rahmen der Orientierungsphase Kontin-
genz geöffnet – z. B. ‚Welche Vor- und Nachteile hat die Einbindung der
Organisationsleitung in den Prozess?‘ – und anschließend geschlossen. Das
Ergebnis der Orientierungsphase ist eine Entscheidung des Klienten zu diesen
Fragen. Für einen Berater ist dieses Ergebnis die Grundlage zu entscheiden, ob
er auf dieser Basis beraten möchte. So könnte er ein Mandat ablehnen, weil die
Organisationsleitung nicht involviert ist und damit seiner Einschätzung nach jeg-
liche Veränderungsoption schon zu Beginn ausgeschlossen ist.

3.2 Analysephase

Ziel der Analysephase ist es, das Problem in seinem Kontext zu beleuchten und
damit besser zu verstehen. Dazu zählen mögliche Ursachen sowie der Blick und
die Rolle unterschiedlicher Bezugsgruppen bei einem Problem. Und mit Blick
auf die Lösungsphase geht es in der Analysephase auch um Rahmenbedingungen,
welche die weitere Entwicklung eines Themas beeinflussen. Während zum Öffnen der Kontingenz Phänomene benannt und beschrieben werden, schließen

Berater Kontingenz durch Erklärungen dieser Phänomene – insbesondere durch Ursache-Wirkungs-Beziehungen (Simon 2014, S. 15).

Öffnen der Kontingenz durch die Beobachtung von Klienten- und Bezugs-gruppenbeobachtungen

Während Klienten durch ihre langjährige Beschäftigung mit dem Thema und ihre organisationalen Zwänge oft zu relativ einfachen und eindimensionalen Problem-beschreibungen neigen, ist es die Aufgabe von Beratern, mit ihrer Beobachtung zweiter Ordnung diesen Blick zu weiten und damit weitere Aspekte sichtbar zu machen. Mit Blick auf die drei Sinndimensionen stehen beim Öffnen der Kontingenz insbesondere die folgenden Aspekte im Mittelpunkt: In der *Sachdimension* werden u. a. mögliche relevante Issues gesucht, die Einfluss auf das Problem haben. In der *Sozialdimension* sind weitere relevante Bezugsgruppen zu berücksichtigen, die vom Problem betroffen sind bzw. die Lösung des Problems beeinflussen können. Dazu zählen auch Wettbewerber mit ihren eigenen Kommunikationsaktivitäten. In der *Zeitdimension* schließlich sind es zurückliegende Entwicklungen (z. B. auch die eigenen vergangenen Kommunikationsaktivitäten) sowie anstehende Ereignisse.

Gerade weil ein zentraler Vorteil der Berater ihr externer Beobachtungsstandpunkt und damit ihre Beobachtungen zweiter Ordnung sind, ist zu Beginn der Analysephase wichtig, dass der Klient den Status quo, vermutete Ursachen, die zurückliegenden Aktivitäten und die vermuteten Stärken und Schwächen etc. schildert. Denn erst dies ermöglicht dem Berater zu sehen, *wie* der Klient die Lage sieht und wie seine Wahrnehmung als Ursache seines bisherigen Handelns das Problem mitverursacht haben könnte. Die Beschreibungen des Klienten sind für Berater damit dreierlei: *Erstens* ermöglichen sie ihnen ein erstes Verständnis für das Problem, *zweitens* können die Beschreibungen des Klienten, die für ihn in der Regel handlungsleitend sind, ein Teil des Problems gewesen sein. Und *drittens* basieren die Beschreibungen auf den vom Klienten verwendeten Unterscheidungen, die im weiteren kontingent gesetzt werden, um mit alternativen Unterscheidungen alternative Ursachen, Issues, Bezugsgruppen etc. zu identifizieren.

Diese Beschreibungen sind zudem die Grundlage dafür, das Selbstbild der Organisation mit Fremdbildern zu konfrontieren. Eine Besonderheit der Kommunikationsberatung liegt darin, dass externe strategische Kommunikation auf das Wissen, Einstellungen und Handlungen externer Bezugsgruppen zielt. Diese Besonderheit führt mitunter zu dem Missverständnis, externe Kommunikationsberater hätten den ,gleichen Blick' wie diese Bezugsgruppen. Kommunikationsberater aber sind in ihrer Rolle kein Käufer, kein Aktionär und nicht in einer Bürgerinitiative engagiert. Vielmehr geht es um Beobachtungen zweiter Ordnung, also die Beobachtung von Beobachtungen erster Ordnung:

• Erstens beobachten Kommunikationsberater die genannten Klienten-Beobachtungen über deren Bezugsgruppen, Problembeschreibungen etc. Wichtig sind auch die Klienten-Beschreibungen zur Einschätzung, was sie glauben, wie Bezugsgruppen ihre Organisation sehen.
• Zweitens beobachten Kommunikationsberater die Beobachtungen erster Ordnung der Bezugsgruppen über die Organisation etc. Wichtig sind hier erneut die Beschreibungen der Bezugsgruppen zur Einschätzung, was sie glauben, wie die Organisation sie sieht.

Das Problem ist, dass Zugänge zu den Bezugsgruppen im günstigen Falle zumeist schwierig bzw. kostspielig, in ungünstigeren Fällen gar nicht möglich sind (z. B. im Falle von NGOs als Unternehmenskritiker). Sinnvolle Methoden wären hier qualitative Verfahren wie Gruppendiskussionen, weil sie einen Einblick in Motivstrukturen ermöglichen, üblicher sind hier allerdings quantitative Befragungen oder – als Fremdbeschreibungen dieser Fremdbilder – Medienberichte. Diese Probleme führen zur Beliebtheit von ‚Quasi-Bezugsgruppen-Beobachtungen' von Beratern, in denen Kommunikationsberater *so tun*, als seien sie Käufer oder Aktionär.

Wenn in anderen Feldern der (Organisations-)Beratung der Mehrwert vor allem in der „inkongruenten Perspektive" (Pankoke 1994, S. 59) von Klienten und Beratern besteht, ist in der Kommunikationsberatung ein Dreieck von Klient, Berater und Bezugsgruppe aufgespannt (Szyszka 2009). Denn erst die Relation beider Beschreibungen ermöglicht Beratern die Analyse und im nächsten Schritt die Entwicklung von Lösungsoptionen (Abb. 3.3). Wenn Berater nur Kenntnis der Bezugsgruppen-Perspektive hätten, würden sie zwar die beobachtbaren Kommunikationswirkungen und mögliche Motive kennen. Sie würden aber u. a. den Entstehungskontext früherer Kommunikationsaktivitäten nicht kennen, sodass dann auch mögliche Empfehlungen intern weniger anschlussfähig wären. Wenn Berater hingegen nur die Klienten-Perspektive kennen würden, wüssten sie nichts über das Wissen, Einstellungen und Motivstrukturen der Bezugsgruppe.

Umgang mit blinden Flecken und Tabus
Die Beschreibungen der Klienten sind ferner die Voraussetzung dafür, dass Berater latente Strukturen bzw. Regeln erkennen können. Allgemein kann Latenz verstanden werden als das Fehlen „bestimmter Themen zur Ermöglichung und

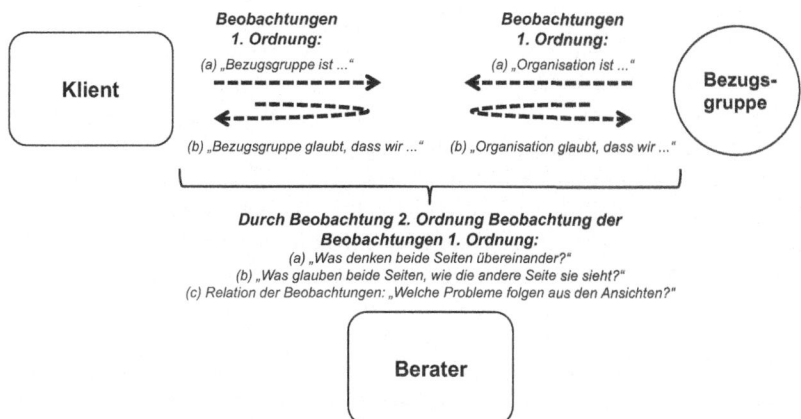

Abb. 3.3 Beobachtung zweiter Ordnung als Relation der Beobachtungen erster Ordnung

Steuerung von Kommunikation" (Luhmann 1996, S. 458). Am Beispiel von Beobachtungslatenzen ist bereits das Risiko von Latenzen herausgearbeitet worden: Auf Probleme oder neue Entwicklungen, die ein Klient nicht kennt, kann er auch nicht reagieren. Solche Beobachtungslatenzen verhindern damit Varietät. Man kann aber auch bewusst auf zu viel Neugierde verzichten, um möglichst wenig *Noise* sinnverarbeiten zu müssen und mit gutem Gewissen an bisherigen Strukturen festhalten zu können.

Während Berater Beobachtungslatenzen nach dem Motto „Ich sehe was, was Du nicht siehst" sichtbar machen können, funktioniert dies bei Tabus, die Kühl (2009) als Kommunikationslatenzen bezeichnet, nach dem Prinzip „Ich sage, was Du nicht hören willst". Im Gegensatz zu Beobachtungslatenzen weiß ein Klient um diese Tabus. In Beratungskonstellationen werden Tabus mitunter in vertraulichen Gesprächen ‚für den Hintergrund' erläutert oder sie sind z. B. im Falle von persönlichen Animositäten zwischen Kollegen der Klientenorganisation schnell für jedermann beobachtbar. Es wird aber ausgesprochen oder unausgesprochen erwartet, dass sie in formellen Gesprächen zwischen Klient und Berater nicht thematisiert werden. So könnte ein Klient dem Berater vertraulich erläutern, dass das Sponsoring eines Golfturnieres für das Unternehmen nicht wirtschaftlich sei, ihn aber bitten, dies nicht in die Analyse mit einfließen zu lassen, weil es das Hobby des Inhabers ist und deshalb nicht infrage gestellt werden soll.

So sehr Kommunikations- wie Beobachtungslatenzen Veränderungen hemmen, so haben sie mitunter auch eine Schutzfunktion für Organisationen. Und da latente Regeln nur so lange funktionieren, wie sie latent bleiben – also nicht ausgesprochen werden –, stehen Berater vor der schwierigen Einschätzung, in welchem Umfang sie Latenzen sichtbar machen wollen. Dazu ein Beispiel: In einem Familienunternehmen wird die Kompetenz des Sohnes des Unternehmensgründers als Geschäftsführer in vertraulichen Gesprächen angezweifelt. Da er aber viele wichtige Entscheidungen an Mitarbeiter delegiert und zudem für den Rat von Mitarbeitern bei Entscheidungen offen ist, ist das Unternehmen so erfolgreich wie früher. Was wäre der Effekt, wenn Berater diese Zweifel offen ansprechen würden?

Berater stehen damit vor der Gratwanderung, einerseits diejenigen Latenzen zu benennen bzw. Tabus zu brechen, ohne deren Kenntnis ihrer Überzeugung nach das Problem nicht gelöst werden kann. Andererseits sind all die Latenzen zu schützen, die für die Lösung des Problems nicht wichtig sind und im Gegenteil die Organisation chaotisieren würden und zu neuen Problemen führen könnten. Berater übernehmen hier eine enorme Verantwortung. Zudem steht diese Verantwortung in einem strukturellen Konflikt zu ihrer Rolle, wie sie oben definiert wurde: Denn wenn Berater ihre Klienten vor bestimmten Beobachtungen bewusst schützen oder Tabus nicht brechen, schließen sie selbst Kontingenz – sie werden also zu Quasi-Entscheidern. Wenn das Sponsoring des Golfturniers einen Großteil des Marketingbudgets verschlingt, können andere wirtschaftlichere Maßnahmen gar nicht erst vorgeschlagen werden. Ein Berater kann in einer solchen Situation nur verlieren: Bricht er das Tabu gegenüber dem Geschäftsführer, verliert er den Auftrag, weil sein direkter Ansprechpartner sein Vertrauen verletzt sieht. Bricht er es nicht, ist er in das Klientensystem ‚eingemeindet‘ worden (Zech 2013) und kein unabhängiger Berater mehr. Am Ende wird es sicherlich auch eine Frage nach der Dosis und der Art und Weise sein, wie Tabus angesprochen werden (Kühl 2009).

Schließen der Kontingenz mithilfe von Kausalschemata
Damit wird auch deutlich, dass Berater zwar Kontingenz öffnen sollen, dass dieses Maß an geöffneter Kontingenz aber immer angemessen sein sollte. Denn ein vollständiges Kontingentsetzen z. B. von Kausalattribution liefe Gefahr, Entscheiden an und für sich zu erübrigen, obwohl es einen real existierenden Entscheidungsdruck gibt, den der Berater berücksichtigen muss (Steiner 2009,

S. 68). Daher wird es immer eine Abwägungsentscheidung bleiben, wie viel Kontingenz ein Klient zulassen möchte.

Ein erster Schritt zur Schließung der Kontingenz in der Analysephase sind Kausalschemata, mit denen die gewonnenen Informationen in einen Zusammenhang gebracht werden. Im Rahmen der Analysephase geht es darum, zunächst verschiedene Kausalschemata zu entwickeln und dann im Rahmen der Bewertung deutlich zu machen, welches das wahrscheinlichste Kausalschema ist. Beratung versagt ebenso, wenn sie eine Ursache als die einzig mögliche darstellt und wenn sie zehn mögliche Ursachen benennt, ohne sie zu bewerten.

Kausalschemata konstruieren Ursache-Wirkungs-Relationen, mit denen z. B. im Rahmen der Analyse gewonnene Informationen miteinander verknüpft und bewertet werden. Wenn jede Kommunikationsberatung entscheidungsbezogen ist, steht im Mittelpunkt der Beratung immer die zu treffende Entscheidung, die sich in der Kommunikationsberatung z. B. auf Kampagnen bezieht. Dahinter steht die Annahme, dass man mit der Kampagne XY das Ziel AB erreichen könne. Solche Kausalschemata prägen jede Entscheidungskommunikation, sie „sind Mechanismen der Kreation von Sicherheit und Berechenbarkeit zur Erhaltung bzw. Wiederherstellung der Handlungsfähigkeit" (Vorderstraße 2014, S. 309) von Entscheidern. Dabei wird Ungewissheit in vermeintlich handhabbare und durch Entscheidungen auflösbare Unsicherheit und Unberechenbarkeit transformiert. Sie reduzieren damit die Komplexität und überführen Unordnung in Ordnung (Vorderstraße 2014, S. 308 f.).

Während ein Beobachter erster Ordnung ein Kausalschema absolut setzt und als ‚alternativlos' erachtet, können Berater als Beobachter zweiter Ordnung erkennen, dass die auf Schemata der Kausalität fußende Komplexitätsreduktion die Komplexität der Gesellschaft nicht abbilden können (Vorderstraße 2014, S. 310). Kommunikationsberater können dem ‚alternativlosen' Kausalschema des Klienten weitere mögliche Kausalschemata entgegensetzen und somit z. B. in der Analyse durch die Vielzahl der gewonnenen Informationen den gestiegenen Möglichkeitsspielraum wieder etwas reduzieren. Letztlich sind auch die Kausalschemata der Berater eine Zurechnung und damit riskant (Vorderstraße 2014, S. 310). Kausalschemata dienen damit als „Rationalitätsfiktionen" (Schimank 2006) bzw. „Illusionen der Gewissheit" (Gigerenzer 2002, S. 338), die wechselseitige Erwartungssicherheit schaffen (Vorderstraße 2014, S. 311). Die verschiedenen Kausalschemata werden am Ende der Analysephase mit Blick auf ihre

Wahrscheinlichkeit bewertet. Die Analysephase endet mit der Entscheidung des Klienten für das Kausalschema, das seiner Einschätzung nach das plausibelste und damit die Grundlage für die Lösungsphase ist.

3.3   Lösungsphase

In der Lösungsphase werden zunächst verschiedene Handlungsoptionen entwickelt, mit denen das Problem gelöst werden kann. Je nach Aufgabenstellung sind es Kampagnen- oder Maßnahmenkonzepte oder Empfehlungen zu einer unternehmensstrategischen Entscheidung aus kommunikationsstrategischer Perspektive. Die öffnende Dimension besteht darin, dass Berater auch solche Handlungsoptionen entwickeln, die dem Klienten aufgrund von Beobachtungs- oder Kommunikationslatenzen verschlossen blieben. Denn Klienten neigen dazu, naheliegende bzw. leicht umsetzbare Optionen zu bevorzugen. Solche Lösungsoptionen sind ebenfalls Kausalschemata, die Ursache-Wirkungs-Beziehungen konstruieren.

Die schließende Dimension besteht darin, dass Berater die Handlungsoptionen bewerten, vergleichen und eine Empfehlung abgeben. Am Ende der Lösungsphase steht eine Empfehlung für eine Lösungsoption, die nach Einschätzung des Beraters die größten Erfolgschancen hat.

3.4   Mögliche Fehler in den Phasen der Kommunikationsberatung

In allen Phasen der Kommunikationsberatung steht ein angemessenes Öffnen und Schließen der Kontingenz im Mittelpunkt. Es geht weder um ein ‚Wühlen im Urschleim' und ein grundsätzliches Infragestellen jeglicher Ursache-Wirkungs-Beziehungen noch um eine Kontingenzreflexion, die kaum weiter reicht als die des Klienten ohne eine Beratung. Berater sind weder Grundlagenforscher, noch treffen sie die Entscheidung. Wie weit Berater Kontingenz öffnen, hängt auch davon ab, wie sie ihre eigene Rolle interpretieren (Tab. 3.1).

Tab. 3.1 Aufgaben und Fehlentwicklungen der Kommunikationsberatung in den verschiedenen Phasen

	Rolle des externen Kommunikationsberaters	Beispiele für Fehlentwicklungen
1. Phase: Orientierung	*Öffnende Dimension:* Erstes Hinterfragen der Aufgabenstellung und des geplanten Beratungssettings (Dauer und beteiligte Personen) *Schließende Dimension:* Empfehlungen zur Aufgabenstellung und zum Beratungssetting	• Fehlendes Hinterfragen der Aufgabenstellung und des Beratungssettings • Fachexpertise der Berater passt nicht zur Aufgabenstellung • Akzeptieren eines Settings, das als nicht zielführend bewertet wird, um Auftragserteilung nicht zu gefährden
2. Phase: Analyse	*Öffnende Dimension:* Analyse des Problems in seinem Kontext mit möglichst vielen Einflussfaktoren; Beobachten von Kommunikations- und Beobachtungslatenzen *Schließende Dimension:* Entwicklung von Kausalschemata als mögliche Erklärungen für das Problem mit anschließender Bewertung	• Unzureichende Beschreibung des Problems und des Kontextes durch den Klienten • Fehlende Offenheit bei der Analyse durch die Klienten • Fehlende Beobachtungen der Bezugsgruppenbeobachtungen • Mitteilen von Tabus, die nicht wichtig für die Problemstellung sind und zu einer unnötigen Unruhe in der Klientenorganisation führen vs. Verschweigen von Tabus, die Problemlösung verhindern
3. Phase: Lösung	*Öffnende Dimension:* Entwicklung und Vorstellung mehrerer alternativer Handlungsoptionen *Schließende Dimension:* Bewertung der Entscheidungsoptionen mit ihren jeweiligen Vor- und Nachteilen, Chancen und Risiken, Vergleich sowie Empfehlung	• Entwicklung von ‚Schein'-Optionen, die dazu dienen, die Vorteile der favorisierten Lösung deutlich zu machen • Kämpfen für die präferierte Option als Quasi-Entscheider (‚Verkaufen' einer Lösung)

Literatur

Fuchs, P. 2010. *Diabolische Perspektiven: Vorlesungen zu Ethik und Beratung*. Münster: LIT.

Gigerenzer, G. 2002. *Das Einmaleins der Skepsis. Über den richtigen Umgang mit Zahlen und Risiken*. Berlin: Piper.

Kühl, S. 2009. Zum Verhältnis von Beobachtungs- und Kommunikationslatenzen in Beratungsprozessen. In *Organisationsberatung beobachtet. Hidden Agendas und Blinde Flecke*, Hrsg. F. von Ameln, J. Kramer, und H. Stark, 128–138. Wiesbaden: VS-Verlag.

Luhmann, N. 1996. *Soziale Systeme. Grundriss einer allgemeinen Theorie*. Frankfurt a. M.: Suhrkamp.

Neuberger, O. 2002. Rate mal! Phantome, Philosophien und Phasen der Beratung. In *Consulting – Problemlösung als Geschäftsmodell. Theorie, Praxis, Markt*, Hrsg. M. Mohe, H.J. Heinecke, und R. Pfriem, 135–161. Stuttgart: Klett-Cotta.

Pankoke, E. 1994. Beratung von Organisationen. Zur kommunikativen Kultur organisationalen Lernens. In *Beratungsgesellschaft*, Hrsg. P. Fuchs und E. Pankoke, 47–66. Schwerte: Katholische Akademie Schwerte.

Schimank, U. 2006. Realitätsfiktionen in der Entscheidungsgesellschaft. In *Zur Kritik der Wissensgesellschaft*, Hrsg. D. Tänzler, H. Knoblauch, und H.G. Soeffner, 57–81. Konstanz: UVK.

Simon, F.B. 2014. *Einführung in die (System-) Theorie der Beratung*. Heidelberg: Carl-Auer.

Steiner, A. 2009. *System Beratung. Politikberater zwischen Anspruch und Realität*. Bielefeld: Transcript.

Szyszka, P. 2009. Kommunikationsberatung als Beobachtung dritter Ordnung. Versuch einer systemtheoretischen Vermessung. In *PR-Beratung. Theoretische Konzepte und empirische Befunde*, Hrsg. U. Röttger und S. Zielmann, 59–71. Wiesbaden: VS-Verlag.

Vorderstraße, S. 2014. *Zeit und Politikberatung. Eine systemtheoretische Analyse*. Wiesbaden: SpringerVS.

Zech, R. 2013. *Organisation, Individuum, Beratung. Systemtheoretische Reflexionen*. Göttingen: Vandenhoeck & Ruprecht.

Formen der Kommunikationsberatung

4

Zusammenfassung

Kommunikationsberatung ist zu allen strategischen wie operativen Fragen strategischer Kommunikation zu beobachten. Die verschiedenen Formen der Kommunikationsberatung können danach systematisiert werden, auf welche Arbeitsphase strategischer Kommunikationsplanung, auf welches Kommunikationsinstrument, auf welche Bezugsgruppe und auf welche Branche sie sich primär bezieht. Des Weiteren kann zwischen einer problemspezifischen und einer kontinuierlichen Kommunikationsberatung unterschieden werden. Zudem gibt es zwei Sonderformen der Kommunikationsberatung. Die interne Kommunikationsberatung ist ‚näher' an den Themen und Akteuren dran. Dies ist zugleich ein Vor- und Nachteil, da sie ebenfalls organisationalen Zwängen und blinden Flecken ausgesetzt ist. Die Meta-Beratung schließlich ist im eigentlichen Sinne keine Kommunikationsberatung, sondern eine Beratung zur Kommunikationsberatung. Bislang ist sie in der Praxis vor allem als Pitch-Beratung bekannt geworden.

Kommunikationsberatung ist ein Spezialfall der Organisationsberatung. Sie umfasst sämtliche Themen der Organisationsberatung zur strategischen Kommunikation. Strategische Kommunikation selbst kann allgemein als Auftragskommunikation von Organisationen verstanden werden (Röttger et al. 2013, S. 9) und konkreter gefasst werden als „purposeful use of communication by an organization to fulfill its mission" (Hallahan et al. 2007, S. 3). Beratungsthemen reichen damit von der Absatzkommunikation und Public Affairs über verschiedene Instrumente wie Pressearbeit und Mediawerbung bis hin zu rein strategischen Fragen. Dies wird noch weiter zu differenzieren sein.

© Springer Fachmedien Wiesbaden GmbH, ein Teil von Springer Nature 2018
O. Hoffjann, *Kommunikationsberatung*,
https://doi.org/10.1007/978-3-658-22665-7_4

Wie bei jedem Spezialfall der Organisationsberatung sind die Grenzen zu anderen Formen der Organisationsberatung fließend, bei der Kommunikationsberatung dürften die Grenzen sogar regelmäßig überschritten werden. Eine erfolgreiche Kommunikationskampagne zum Thema Nachhaltigkeit thematisiert nicht nur beschlossene und umgesetzte Maßnahmen einer unternehmerischen Nachhaltigkeitsstrategie, sondern könnte zu weiteren Nachhaltigkeitsanstrengungen führen (ähnlich Christensen et al. 2013). Die Kommunikationsberatung zur Wahlkampagne könnte dazu führen, dass ein Thema in den Hintergrund gerückt wird, weil es kommunikativ nur schwer vermittelbar ist.

Externe Kommunikationsberatung findet in der Praxis entweder durch Einzelberater oder durch Beratungsunternehmen statt, die wie Agenturen in der Regel auch Umsetzungsdienstleistungen anbieten. Die Formen der Kommunikationsberatung lassen sich damit in einer vieldimensionalen Matrix verorten (s. auch Fuhrberg 2010, S. 30 f.). Full Service Agenturen würden für sich vermutlich in Anspruch nehmen, dass sie all diese Formen zuzüglich ihrer Umsetzung anbieten können, während sich die meisten Einzelberater auf ausgewählte Angebote spezialisiert haben.

Im Folgenden werden zunächst unterschiedliche Formen der Kommunikationsberatung voneinander abgegrenzt, bevor mit der internen Kommunikationsberatung und der Meta-Beratung zwei Sonderfälle der Kommunikationsberatung vorgestellt werden.

Expertise zu spezifischen Arbeitsphasen
Grundsätzlich lassen sich Beratungsprojekte danach unterscheiden, auf welche spezifische Arbeitsphase sie sich fokussieren. Stehen Fragen zur Analyse, der strategischen Planung, zur Umsetzung oder zur Evaluation im Mittelpunkt der Beratung? Auf die Analyse und zur Evaluation haben sich Experten wie Marktforschungsinstitute, Medienbeobachter, aber auch Issues-Management-Berater, die das Monitoring für Klienten übernehmen, mit ihren entsprechenden Beratungsdienstleistungen spezialisiert.

Deutlich unübersichtlicher ist die Frage zur Trennung von strategischer und umsetzungsorientierter Beratung. Denn *Strategie* ist ein Begriff, der ähnlich wie der Beratungsbegriff häufig missbraucht wird. Das dürfte auch daran liegen, dass der Strategiebegriff mindestens in zwei Kontexten verwendet wird. Einerseits wird mittlerweile wie selbstverständlich davon ausgegangen, dass die Unternehmenskommunikation mit all ihren Facetten eine strategische Managementfunktion ist. In diesem Kontext wird insbesondere nach dem internen Einfluss bzw. der Macht der Unternehmenskommunikation gefragt. Diese Überlegungen knüpfen in der Regel an betriebswirtschaftlich fundierte

Ansätze des strategischen Managements an. Andererseits sollte jede Maßnahme strategischer Kommunikation selbst strategisch geplant sein und durchgeführt werden. Der Strategie-Begriff ist hier oft Teil eines Qualitäts- und
Professionalisierungs-Diskurses (Raupp und Hoffjann 2012). Strategische Entscheidungen allgemein können als solche Entscheidungen verstanden werden, die als Entscheidungsprämissen künftige Entscheidungen beeinflussen
und deren Möglichkeitsraum einschränken, indem sie als Bezugspunkt und
als Legitimationsgrund fungieren (Arlt 2011, S. 8). Daraus folgt, dass der
Strategie-Begriff immer nur in Relation zur nachgeordneten Taktik bzw. zur
operativen oder Umsetzungs-Ebene Sinn macht, also auf mehreren Planungs-
ebenen verwendet werden kann. Im Gegensatz zum Nullmeridian kann Strategie
nicht normativ verortet werden. Aus Sicht des strategischen Managements ist die
Unternehmenskommunikation die operative Ebene, die allenfalls über taktische
Fragen entscheiden kann. Aus Sicht der Leitung der Konzernkommunikation
gibt sie die Kommunikationsstrategie vor, die dann in den einzelnen Bereichen
operativ umgesetzt wird. Und aus der Perspektive der nachgeordneten Abteilung
für die Kommunikation für das Produkt X gibt sie die Strategie vor, die dann
in einzelnen Maßnahmen umgesetzt wird usw. (Abb. 4.1). Aus der Relativität

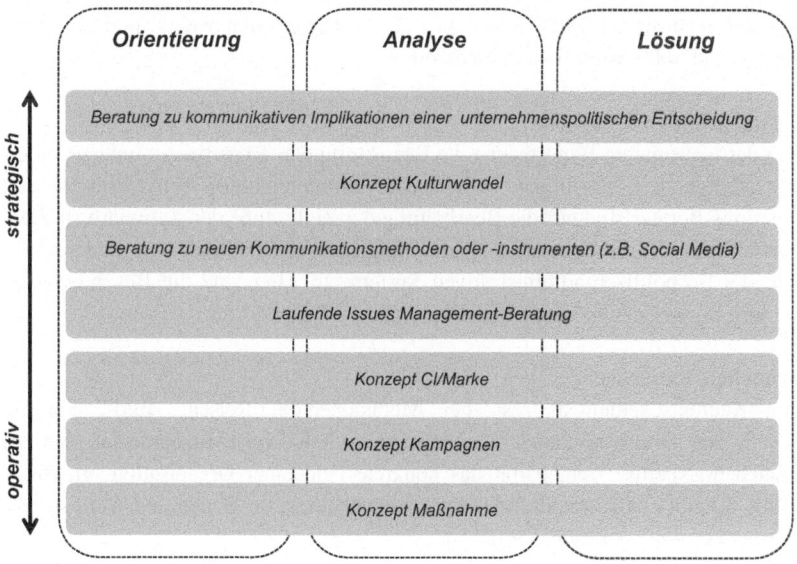

Abb. 4.1 Beispiele für Aufgabenstellungen der Kommunikationsberatung

des Strategie-Begriffs folgt, dass auch die Begriffe Strategie- und Umsetzungsberatung nicht eindeutig verortet werden können. Am Ehesten scheint noch die
folgende Abgrenzung geeignet zu sein:

▶ **Strategische Beratung vs. umsetzungsorientierte Beratung** Während
sich strategische Beratung auf rein konzeptionelle und rein planerische Fragen
bezieht, steht im Mittelpunkt umsetzungsorientierter Beratung immer der Rat zu
Umsetzungsdienstleistungen wie Claims oder zur textlichen, visuellen und technischen Entwicklung und Produktion konkreter Kommunikationsmaßnahmen.
Umsetzungsorientierte Beratung bewertet hier u. a. die Vor- und Nachteile bzw.
Chancen und Risiken einer Variante und gibt Empfehlungen ab.

Instrumente-Expertise
Die im Agenturmarkt wohl immer noch prägendste Differenzierung ist die nach
verschiedenen Kommunikationsinstrumenten wie der Mediawerbung (‚Werbeagenturen‘), Medien- und Pressearbeit (‚PR-Agenturen‘), Veranstaltungen
(‚Event-Agenturen‘) oder Direct Marketing (‚Dialogmarketingagenturen‘). Die
Expertise bezieht sich in diesen Fällen auf die Beratung und in der Regel auch
auf die Umsetzung entsprechender Kommunikationsmaßnahmen. Durch die Digitalisierung der Kommunikation, aber auch durch Expansionsbemühungen der
Agenturen ist der einstmals relativ klar strukturierte Agenturmarkt hier allerdings
zunehmend unübersichtlicher geworden.

Bezugsgruppen-Expertise
Von der Instrumente-Expertise ist die Bezugsgruppen-Expertise zu unterscheiden,
die letztlich den Disziplinen strategischer Kommunikation entspricht. Investor
Relations-Berater sind auf die Bearbeitung der Zielgruppe der Aktionäre spezialisiert, Public Affairs-Agenturen auf die Zielgruppe der Politiker bzw. anderer Entscheider im politisch-administrativen System etc. Hier sind die Besonderheiten
der jeweiligen Bezugsgruppe das differenzierende Kriterium.

Branchen-Expertise
Der Kaufentscheidungsprozess bei Medikamenten, Reisen, Autos, Schoko-
riegeln und Druckmaschinen unterscheidet sich teilweise fundamental. Bei der
Branchen-Expertise steht damit das konkrete Feld einer Organisation im Mittel-
punkt. So gibt es Berater, die sich auf Krankenhäuser, auf Bauen und Wohnen oder
Pharma-Hersteller spezialisiert haben.

Problemspezifische vs. kontinuierliche Kommunikationsberatung

Zudem lassen sich Beratungsmandate danach unterscheiden, ob sie sich auf ein konkret definiertes und zeitnah zu entscheidendes Problem beziehen oder ob ein Klient laufend beraten werden möchte. In einer fallorientierten Kommunikationsberatung definiert der Klient ein konkretes Problem bzw. eine konkret zu treffende Entscheidung, zu der er beraten werden möchte – z. B. zu einer Produkteinführungskampagne oder zur Social-Media-Strategie. Bei einem kontinuierlichen Kommunikationsberatungsmandat möchte ein Klient tendenziell offen zu Kommunikationsfragen beraten werden. Die zu treffende Entscheidung ergibt sich dann aus den Beobachtungen, die der Berater mitteilt. Hier gilt: Auch wenn nicht entschieden wird, wird entschieden. Konkret: Auch das Ignorieren einer neuen Bürgerinitiative, auf die ein Berater hinweist, ist letztlich eine Entscheidung. Die kontinuierliche Kommunikationsberatung ist insbesondere im Kontext der Objektivierungsfunktion zu finden.

So selten Beratungskonstellationen sein dürften, in denen ausschließlich eine laufende strategische Beratung im Mittelpunkt steht, so oft dürften Berater für sich in Anspruch nehmen, dass sie ihren Klienten jenseits von konkret definierten Beratungsthemen eigeninitiativ auf relevante Entwicklungen oder neu aufkommende Themen hinweisen. Es ist aber offenkundig, dass ein solcher Rat von wirtschaftlichen Erwägungen beeinflusst sein dürfte. Denn das Identifizieren und Analysieren neuer Entwicklungen bzw. Themen ist mit einem entsprechenden Aufwand verbunden. Dies wird ein Berater nur dann auf Dauer leisten können und wollen, wenn dies entweder durch eine Beratungspauschale vergütet wird oder wenn sich dadurch weitere Beratungs- bzw. Umsetzungsdienstleistungen verkaufen lassen (ausführlicher in Abschn. 6.3.1).

4.1 Sonderfall I: Interne Kommunikationsberatung

Zwar wird Beratung in der Regel als externe Beratung durch Agenturen verstanden, allerdings ist Beratungskommunikation auch innerhalb von Organisationen täglich zu beobachten. Dies ist nichts anderes als die interne Beratung, die z. B. die PR gegenüber der Organisationsleitung oder anderen Abteilungen zu Kommunikationsfragen ausübt (Franke 2013; Zerfass und Franke 2013). Auch wenn in den bisherigen Ausführungen stets die externe Kommunikationsberatung gemeint war, so ließen sie sich fast vollständig auf die interne Kommunikationsberatung übertragen.

Zur Erläuterung der Vor- und Nachteile externer und interner Kommunikationsberatung ist eine Erweiterung des Beratungsmodells notwendig: Weder das
Beratersystem noch das Klientensystem agieren im luftleeren Raum. Während
externe Berater in ihre Agentur eingebunden sind, sind interne Berater Mitglied
derselben Organisation wie das Klientensystem, das sie beraten (Abb. 4.2). Hier-
aus folgen verschiedene Vor- und Nachteile für die jeweilige Beratungssituation.

Interne Berater können als Organisationsmitglieder eine Beobachtung aus
organisationsexterner Perspektive (Abb. 4.3) nur simulieren (e), während externe
Kommunikationsberater (f) eine Organisation tatsächlich aus der Umwelt-
perspektive beobachten können. Dieser externe Blick vermag es damit, die
Betriebsblindheit jeglicher interner Beobachtungen zu überwinden (Röttger 2006,
S. 75 ff.). Denn der Nachteil jeder organisationsinternen Beratung ist es, dass
sie ebenfalls den institutionellen und organisatorischen Einflüssen ausgeliefert
ist und sie denselben organisationsweiten Beobachtungs- und Kommunikationslatenzen unterliegen. Konkret: Eine in einer Partei oder einem Unternehmen
eingesetzte Arbeitsgruppe, die zu einem konkreten Problem verschiedene
Strategieoptionen entwickeln soll, macht im Grunde nichts anderes als ein
externer Berater. Ihr Nachteil ist jedoch, dass sie organisationale Zwänge nicht
sehen und diese damit nicht überwinden können. Externe Beobachter hingegen
können die angewandten Unterscheidungen wie in einer Organisation nicht mehr

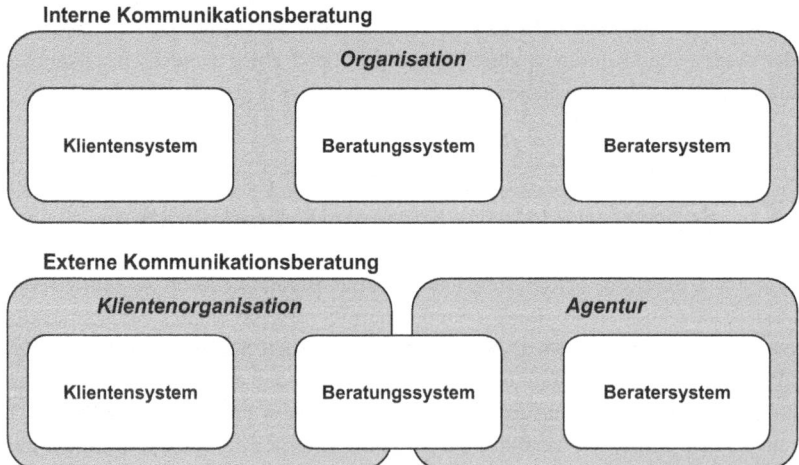

Abb. 4.2 Interne und externe Kommunikationsberatung in ihrer jeweiligen organisationalen Einbettung

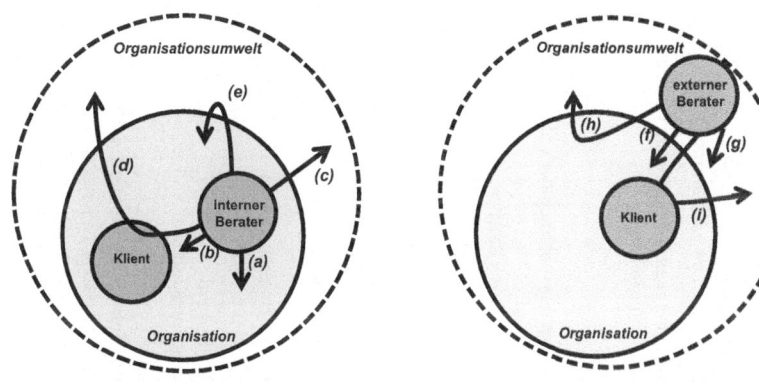

(a): interne Beobachtung der Organisation
(b): interne Beobachtung der Organisationsleitung
(c): interne Beobachtung der Organisationsumwelt
(d): Beobachtung der Organisationsumwelt quasi aus der
Perspektive der Organisationsleitung
(e): Beobachtung der Organisation aus quasi externer
Perspektive

(f): Beobachtung der Organisation aus externer Perspektive
(g): Beobachtung der Differenz zwischen Selbstbild und
Fremdbild der Organisation
(h): Beobachtung der Organisationsumwelt quasi aus der
aus der Organisationsperspektive
(i): Beobachtung der Organisationsumwelt quasi aus der
Perspektive des Klienten

Abb. 4.3 Interner (links) und externer Berater mit der jeweiligen Beobachterposition. (Quelle: Hoffjann 2015, S. 234, erweitert nach Röttger 2006, S. 76)

hinterfragte Gewinn- oder Machtziele, Ursache-Wirkungs-Zusammenhänge oder Freund-Feind-Schemata beobachten und damit kontingent setzen.

Gleichwohl unterliegen auch externe Kommunikationsberater Einschränkungen. Wenn selbst Organisationsmitglieder darüber klagen, nicht über alle internen relevanten Ereignisse informiert zu sein, wird dieses Informationsdefizit für externe Berater wegen ihrer Distanz zur Organisation noch größer sein. Damit wird deutlich: Der strukturelle Vorteil der tatsächlichen externen Beobachtung in der externen Kommunikationsberatung wird mit dem strukturellen Nachteil eines sich vergrößernden Informationsdefizits zu internen Entwicklungen bezahlt. An diesem grundsätzlichen Problem ändert auch eine längere Zusammenarbeit zwischen externen Beratern und z. B. unternehmerischer PR nichts, indem der Berater das Unternehmen zunehmend besser kennenlernt. Denn in dem Maße, wie der Berater das Unternehmen besser kennenlernt, verliert er seine Distanz und übernimmt zunehmend die Unterscheidungen unternehmerischer PR (Abschn. 6.1).

Die Tab. 4.1 macht deutlich, welche weiteren Vorteile aus der externen Position resultieren: Externe Kommunikationsberater agieren tendenziell unabhängiger. Im Idealfall verfügen sie über Erfahrungen zu vergleichbaren Projekten und haben dadurch eine höhere Fachexpertise.

Tab. 4.1 Vergleich zwischen interner und externer Beratung. (Quelle: Fuhrberg 2010, S. 73)

	Interner Berater	Externer Berater
Know-how	• Organisationsspezifische Erfahrungen und Fachwissen • Know-how bleibt in Organisation	• Beratungsfachwissen • Überbetriebliche (Spezial-) Erfahrungen
Abhängigkeit Berater-Kunde	• Arbeitnehmerabhängigkeit • Durch Risiko-/Konfrontationsvermeidung weniger innovativ • Sorgfältige Ergebnisprüfung, da Verbleib in Organisation • Möglicher Machtposition steht Hilfe zur Selbsthilfe entgegen	• Relative Unabhängigkeit bei mehreren Mandaten • Bemühung um Folgeaufträge
Akzeptanz	• Kenntnis formaler/informaler Strukturen kann Akzeptanz fördern • Gefahr interner Machtkämpfe • Gefahr, als Kontrollinstanz zu gelten • Akzeptanz muss erarbeitet werden	• Prestige des Beratungsunternehmens als Türöffner • Expertenimage fördert Akzeptanz • Neutralität sichert Gesprächsbereitschaft • Konkurrenz zu internen Leistungen
Informationszugang	• Höherer Informationsstand und erleichterter Informationszugang beschleunigen Prozesse • Erschwerter Informationszugang zu externen Quellen	• Begrenzter Informationszugang kostet Zeit • Oftmals besserer Zugang zu externen Quellen
Problemdistanz	• Betriebsblindheit • Realistischere Einschätzung der Machbarkeit von Lösungsoptionen	• Unvoreingenommenheit und relative Objektivität der Aussagen • Mit zunehmender Beratungsdauer schwindende Problemdistanz
Kosten	• Hohe Aufbau- und Anlaufkosten • Günstigere laufende Kosten bei ausreichender Auslastung • Günstiger bei langfristigen Projekten	• Hohe variable Kosten • Leistungsbezogene Kosten
Effizienz	• Ggf. bessere Problemlösung durch geringeren Zeitdruck • Ggf. dadurch Verzögerung der Problemlösung • Präsenz sichert Kontinuität der Problemlösung	• Größere Sicherheit bei der Problemanalyse • Neue Impulse, innovative Lösungen • Kostendruck beschleunigt Problemlösung • Innovationsdruck führt ggf. zu unrealistischen Lösungen

4.2 Sonderfall II: Meta-Beratung

Welcher Ausweg bietet sich Klienten, die bei Fragen zur Notwendigkeit externer Beratung, zur Auswahl der passenden Kommunikationsberatung oder zur Gestaltung der Zusammenarbeit mit Beratern unsicher sind? Sie können sich beraten lassen. Diese sogenannte Meta-Beratung ist in der klassischen Unternehmensberatung bereits seit vielen Jahren ein bekanntes Phänomen. Im deutschen Agenturmarkt sind externe Meta-Berater seit einigen Jahren vor allem als sogenannte Pitch-Berater zunehmend gefragt. Während Pitch-Berater ein Beispiel für externe Meta-Berater sind, findet sich Meta-Beratung auch innerhalb von Organisationen. Analog zur internen Kommunikationsberatung werden Abteilungen, die mit externen Kommunikationsberatern zusammenarbeiten, von Kollegen zum Umgang mit diesen beraten. Meta-Beratung kann damit als Zeichen eines Professionalisierungsprozesses interpretiert werden (Mohe 2003).

Meta-Berater sind Berater zweiter Ordnung: Sie beraten zu Fragen der Beratung. Im eigentlichen Sinne ist Meta-Beratung damit keine Kommunikationsberatung, weil sich ihre Beratung nicht auf konkrete Entscheidungen zur strategischen Kommunikation, sondern auf Entscheidungen *zur Beratung* zur strategischen Kommunikation beziehen. Gleichwohl ist auch bei Meta-Beratern zur Kommunikationsberatung ein gewisses Maß an Expertise zur strategischen Kommunikation wichtig. Denn wenn Meta-Berater Klienten u. a. bei der Auswahl von Kommunikationsberatern oder zur Evaluation von Beratungsprojekten beraten oder noch grundsätzlicher Klienten-Berater-Interaktionen beobachten und diese Beobachtungen an den Klienten zurückspiegeln (Mohe 2007), sind mittelbar auch Fragen der strategischen Kommunikation wichtig. Anders formuliert: Wenn ein auf Krankenhäuser spezialisierter Kommunikationsberater die wichtigsten Zielgruppen dieses Feldes und deren Relevanzkriterien sowie grundsätzlicher die Arbeitsweise von Krankenhäusern kennen sollte, sind für einen auf Kommunikationsberater spezialisierten Meta-Berater neben den Relevanzkriterien von Klienten u. a. auch grundsätzliche Aspekte strategischer Kommunikationsprozesse wichtig.

Meta-Beratung bezieht sich letztlich zwar immer auf die Kommunikationsberatungssituation selbst und damit auf Kommunikationsberater *und* deren Klienten. Gleichwohl können Meta-Berater entweder von Kommunikationsberatern oder deren Klienten beauftragt werden, um diese konkret zu ihrer Rolle als Kommunikationsberater bzw. Klient zu beraten. Im Folgenden steht die externe Meta-Beratung von Klienten der Kommunikationsberatung im Mittelpunkt.

Wie in der Kommunikationsberatung bedingen sich auch in der Meta-Beratung die externe Beobachterrolle einerseits sowie das Fach- und Methodenwissen zum Umgang mit Beratung andererseits gegenseitig. Das Fach- und Methodenwissen von Meta-Beratern reicht von einer genauen Kenntnis des Agenturmarktes mit seinen Akteuren und ihren jeweiligen Stärken und Schwächen über das Wissen zu den notwendigen Kompetenzen für bestimmte Kommunikationsprojekte bis hin zum Methodenwissen zu Auswahlprozessen, zur Gestaltung der Zusammenarbeit oder zur Evaluierung von Beratung (Mohe 2015). Dieses Wissen ist auch für Meta-Berater immer kontextabhängig, da es in der konkreten Beratungssituation nur in Relation zu den Bedürfnissen, Problemen und Erfahrungen der Klienten Sinn ergibt. Gleichwohl sind auch in der Meta-Beratung die vier klassischen Beratungsfunktionen erkennbar, in denen der Fachexpertise und der Beobachtung zweiter Ordnung eine unterschiedliche Relevanz zukommen. In der Objektivierungsfunktion steht die Beobachtung der Klientenbeobachtungen – also zum Beispiel die Begleitung eines Beratungsprozesses – im Vordergrund, während bei der Wissenstransferfunktion das Fach- und Methodenwissen wichtiger ist – zum Beispiel bei der Vorbereitung und Begleitung eines Auswahlprozesses.

Meta-Beratung ist in allen Phasen des Beratungsprozesses denkbar. Allerdings hat sich im Agenturmarkt die externe Meta-Beratung zunächst vor allem als Pitch-Beratung etabliert. Dies liegt einerseits daran, dass bei der Auswahl von Dienstleistungsunternehmen grundsätzlich ein höheres Risiko wahrgenommen wird, da das Ergebnis immer erst am Ende und damit nach der Beauftragung zu sehen ist – und in der Kommunikationsberatung der intendierte Kommunikationserfolg teilweise noch viel später zu bewerten ist. Andererseits ist der Erfolg der Pitch-Beratung auf einen intransparenten Agenturmarkt mit seinen wenigen großen und vielen mittleren bis kleinen Anbietern zurückzuführen. Diese Intransparenz verstärken Agenturen noch weiter, wenn sie wenig Interesse daran zeigen, ihre Arbeits- und Beratungsschwerpunkte klar zu benennen und umgekehrt zu offenbaren, welche Themen eher zu ihren Randgebieten zählen. Mitunter hat man den Eindruck, dass selbst Einzelberater für sich in Anspruch nehmen, Full-Service-Berater und -Umsetzer zu sein. Meta-Berater können Klienten hierzu einen Überblick zum Beratungsmarkt verschaffen: Welche Agenturen haben welche Kompetenzen? Welche Kompetenzen, Größe, Internationalität und Erfahrungen sind für die Aufgabenstellung wichtig? Sie können anschließend zur Aufgabenstellung passende Auswahlverfahren vorschlagen und diese begleiten (Mohe 2015). Meta-Berater öffnen die Kontingenz der Entscheidungssituation, indem sie u. a. alternative Agenturtypen, aber auch Agenturmodelle vorschlagen und diskutieren.

Die Beratung zur Auswahl des passenden Beraters ist im Grunde bereits der zweite Schritt der Meta-Beratung. Davor stehen die Problem- und Aufgabendefinition sowie die grundsätzliche Frage, ob zur Lösung dieses Problems eine Kommunikationsberatung überhaupt sinnvoll ist. Mohe und Pfriem (2002, S. 29) erkennen für das Feld der Unternehmensberatung mitunter einen „Beraterwildwuchs", der auf eine „unsichere und falsche Einschätzung des Beratungsbedarfs" zurückgeht.

Die Objektivierungs- und Innovationsfunktion von Meta-Beratung steht bei der Frage zur Gestaltung von Beratungsprozessen im Mittelpunkt. Im Sinne des vorgestellten idealtypischen Verständnisses von Kommunikationsberatung lautet eine mögliche Frage: Wie können die Autonomie der Kommunikationsberatung im Allgemeinen und die Autonomie des Klienten- und des Beratersystems im Konkreten gesichert werden (Abschn. 6.3)? Ein Meta-Berater kann durch die Begleitung eines Beratungsprojektes störende Einflüsse erkennen und diese in das Klientensystem zurückspiegeln sowie Lösungsoptionen benennen. Konkrete Arbeitsergebnisse können Organisationsregeln für das Beratungsmanagement und ein Beratungshandbuch als Leitfaden sein (Mohe 2015).

Meta-Beratung setzt stets voraus, dass ein Klient überhaupt an einer Beratung interessiert ist, die dem idealtypischen Beratungsverständnis zumindest nahe kommt. Ein Klient, der Kommunikationsberater einsetzt, um längst beschlossene Entscheidungen intern durchzusetzen und damit latente Funktionen wie die Politikfunktion zu nutzen (Mohe 2015, S. 309), wird an einer Meta-Beratung kein Interesse haben, da sie immer auf die Qualität des Beratungsprozesses zielt.

Diesem Nutzen stehen der Preis und die Risiken der Meta-Beratung gegenüber, die im Wesentlichen dieselben sind wie bei der Kommunikationsberatung selbst (Abschn. 5.2). Eine Meta-Beratung führt dazu, dass ein Klient aufgeklärter entscheidet – aber sie garantiert keine ‚bessere' Entscheidung. Sie beinhaltet zudem wie jede Beratung eine Rationalitätsillusion und Verantwortungsdelegation. Sie wird eingesetzt, um den „Eindruck rationalen Handelns und Anwendung der ‚richtigen' Beraterauswahlverfahren gegenüber ihren Stakeholdern zu erwecken" (Mohe 2007, S. 200). In dieser neo-institutionalistischen Perspektive ist es das Ziel, die Illusion von Rationalität zu erwecken, um die Entscheidung gegen mögliche spätere Kritik zu immunisieren (Mohe 2007, S. 200).

Daraus folgt schließlich: Wenn man Meta-Beratung konsequent weiterdenken würde, bräuchte es eine Beratung zur Meta-Beratung, eine Beratung zur Meta-Meta-Beratung usw. usf. Man befindet sich folglich in einem infiniten Regress. Wenn Beratung selbst bereits ein – wenn auch durchaus mitunter sinnvoller – Luxus ist, den sich eine Organisation erst einmal leisten können muss, dann gilt dies umso mehr für die Meta-Beratung.

Literatur

Arlt, H.-J. 2011. Strategiefähigkeit wirtschaftlicher und politischer Organisationen. In *Kommunikationsmanagement*, Hrsg. G. Bentele, M. Piwinger, und G. Schönborn (Losebl. 2001 ff.). Neuwied: Luchterhand.

Christensen, L.T., M. Morsing, und O. Thyssen. 2013. CSR as aspirational talk. *Organization* 20 (3): 372–393.

Franke, N. 2013. *Befähigen, Beraten, Umsetzen. Neue Aufgabenprofile für Kommunikationsmanager in ganzheitlich kommunizierenden Organisationen.* Berlin: Bundesverband deutscher Pressesprecher.

Fuhrberg, R. 2010. *PR-Beratung: Qualitative Analyse der Zusammenarbeit zwischen PR-Agenturen und Kunden.* Konstanz: UVK.

Hallahan, K., D. Holtzhausen, B. van Ruler, D. Verčič, und K. Sriramesh. 2007. Defining strategic communication. *International Journal of Strategic Communication* 1 (1): 3–35.

Hoffjann, O. 2015. *Public relations.* Konstanz: UVK.

Mohe, M. 2003. *Klientenprofessionalisierung. Strategien und Perspektiven eines professionellen Umgangs mit Unternehmensberatung.* Marburg: Metropolis-Verlag.

Mohe, M. 2007. Meta-Beratung. Eine neue Form der Wissensproduktion? *Arbeit* 16 (2): 191–204.

Mohe, M. 2015. Meta-Beratung. In *Innovative Beratungskonzepte. Ansätze, Fallbeispiele, Reflexionen*, Hrsg. M. Mohe, 283–312. Wiesbaden: SpringerVS.

Mohe, M., und R. Pfriem. 2002. Where are the Professional Clients? Möglichkeiten zur konzeptionellen Weiterentwicklung von Meta-Beratung. In *Consulting – Problemlösung als Geschäftsmodell. Theorie, Praxis, Markt*, Hrsg. M. Mohe, H.J. Heinecke, und R. Pfriem, 25–40. Stuttgart: Klett-Cotta.

Raupp, J., und O. Hoffjann. 2012. Strategic decision-making in corporate communication. *Journal of Communication Management* 16 (2): 146–161.

Röttger, U. 2006. Ich sehe was, was Du nicht siehst: PR-Beratung und PR-Beratungswissen. In *Vom Wissen und Nicht-Wissen einer Wissenschaft. Kommunikationswissenschaftliche Domänen, Darstellungen und Defizite*, Hrsg. K- Pühringer und S. Zielmann, 73–97. Münster: LIT.

Röttger, U., V. Gehrau, und J. Preusse. 2013. Strategische Kommunikation. Umrisse und Perspektiven eines Forschungsfeldes. In *Strategische Kommunikation. Umrisse und Perspektiven eines Forschungsfeldes*, Hrsg. U. Röttger, V. Gehrau, und J. Preusse, 9–17. Wiesbaden: Springer VS.

Zerfass, A., und N. Franke. 2013. Enabling, advising, supporting, executing: A theoretical framework for internal communication consulting within organizations. *International Journal of Strategic Communication* 7 (2): 118–135.

Beratung vs. Umsetzung 5

Zusammenfassung

Umsetzungsdienstleistungen reichen von der strategischen Ebene wie der kreativen Übersetzung von Kommunikationskonzepten bis hin zur operativen Ebene wie der textlichen, visuellen und technischen Entwicklung und Produktion konkreter Kommunikationsmaßnahmen. Agenturen arbeiten hier auf Basis von Briefings, Zwischenstände werden vom Klienten freigegeben und anschließend produziert. Die Frage ist: Wann leistet sich ein Klient Umsetzungsdienstleistungen mit einer begleitenden Umsetzungsberatung – und wann verzichtet er auf die Beratung? Umsetzungsberatung leidet häufig unter der Nähe der Berater zur Umsetzung: Durch die fehlende Distanz besteht daher das Risiko, dass Berater nicht mehr unabhängig agieren, sondern versucht sind, die Umsetzungsergebnisse zu verteidigen. Hinzu kommen die Kosten jeglicher Beratung, die mit der Komplexitäts-Beratungs-Spirale verdeutlicht werden können. So hilfreich Beratung vielfach auch sein mag, letztlich ändert sie nichts daran, dass ein Klient im Angesicht der Risiken eine Entscheidung treffen muss.

5.1 Umsetzungsberatung vs. Umsetzungsdienstleistungen

Die Nähe von Kommunikationsberatungs- und Umsetzungsdienstleistungen zeigt sich nicht zuletzt darin, dass nahezu jede Agentur auch Umsetzungsdienstleistungen anbietet. Zudem besteht ein weitgehender Konsens darin, dass Kommunikationsberatung häufig in der Form als Umsetzungsberatung zu finden ist. Wie aber unterscheiden sich Umsetzungsdienstleistungen von der

© Springer Fachmedien Wiesbaden GmbH, ein Teil von Springer Nature 2018
O. Hoffjann, *Kommunikationsberatung*,
https://doi.org/10.1007/978-3-658-22665-7_5

Umsetzungsberatung? Wo verlaufen die Grenzen? Und was ist der Mehrwert einer ergänzenden Umsetzungsberatung einerseits, was sind ihre Kosten andererseits? Umsetzungsdienstleistungen können in Abgrenzung zur Umsetzungsberatung wie folgt definiert werden:

▶ **Umsetzungsdienstleistung** Umsetzungsdienstleistungen reichen von der strategischen Ebene wie der kreativen Übersetzung von Kommunikationskonzepten (z. B. Entwicklung Claim, Logo oder Kampagnenlinie) bis hin zur operativen Ebene wie der textlichen, visuellen und technischen Entwicklung und Produktion konkreter Kommunikationsmaßnahmen (z. B. TV-Spot, Pressekonferenz oder Website). Die Agentur arbeitet hier auf Basis von Briefings, Zwischenstände werden vom Klienten freigegeben (=Tat) und anschließend produziert. Diese Definition bezieht sich auf Umsetzungsdienstleistungen, die z. B. Agenturen für Kunden erbringen. In gleicher Weise kann der Umsetzungsbegriff auch für die interne Umsetzung von Kommunikationsmaßnahmen verwendet werden.

Was unterscheidet eine Umsetzungsberatung von Umsetzungsdienstleistungen? Eine Umsetzungsberatung beobachtet und bewertet als Beobachtung zweiter Ordnung Umsetzungsergebnisse wie Text- oder Designentwürfe. Solange „Handlungsalternativen vorgeschlagen, diese begründet und bewertet werden und die Handlungsentscheidung zugunsten einer Alternative beim Kunden verbleibt, solange er dem Kunden Bewertungsverfahren und -kriterien zur Handlungsentscheidung vermittelt, handelt es sich um PR-Beratung, gleich ob es sich auf die Strategie oder einzelne Maßnahmen bezieht. Beratung entsteht immer erst aus der Dualität von Ratgeben und Ratnehmen." (Fuhrberg 2010, S. 38).

Eine Umsetzungsberatung gibt es damit ebenso wie Umsetzungsdienstleistungen auf allen Ebenen strategischer Kommunikation. Ein Unternehmensclaim ist ebenso ein Beispiel für eine Umsetzungsdienstleistung wie die Größenanpassung einer Anzeige. Entsprechend zählt die Bewertung unterschiedlicher Alternativen zum neuen Unternehmensclaim ebenso zur (strategischen) Umsetzungsberatung wie die Bewertung unterschiedlicher angepasster Anzeigenmotive zur (operativen) Umsetzungsberatung (Tab. 5.1).

Wenn Maßnahmen sowohl vom Klienten selbst als auch durch die Agentur umgesetzt werden können, folgt daraus die Frage, worauf sich die Umsetzungsberatung beziehen kann. Wie in der klassischen Organisationsberatung kann die Kommunikationsberatung eine Organisation dabei unterstützen, *ihre internen Prozesse und Strukturen entsprechend dem von ihr beschlossenen Plan zu verändern.* Wenn z. B. ein Unternehmen *Facebook* in größerem Maße im Rahmen

Tab. 5.1 Beispiele für Umsetzungsberatungs- und Umsetzungsdienstleistungen

	Umsetzungsberatung	Umsetzungsdienstleistung
Strategische Ebene	*Strategische Umsetzungsberatung:* Z. B. Bewertung verschiedener Claim-Alternativen	Z. B. Entwicklung Wort-Bild-Marke oder Corporate Design
Operative Ebene	*operative Umsetzungsberatung:* Z. B. Bewertung verschiedener Broschüren-Entwürfe	Z. B. Gestaltung und Programmierung Website, Durchführung Roadshow

des Employer Branding nutzen will, dies aber intern umsetzen will, kann der Berater den Klienten im Rahmen der begleitenden Umsetzungsberatung bei der Auswahl der neuen Mitarbeiter, bei der Entwicklung von Redaktionsplänen, Prozessen oder beim Umgang mit Hasskommentaren etc. beratend unterstützen. In der Kommunikationsberatung ist hingegen häufiger anzutreffen, dass *die Agentur des Kommunikationsberaters die Umsetzung von zuvor vorgeschlagenen Maßnahmen übernimmt.* Die Beratung bezieht sich dann darauf, z. B. die Redaktionspläne und Texte zu erörtern, die in der Agentur selbst entstanden sind.

Strategische Kommunikationsberatung, Umsetzungsberatung und Umsetzungsdienstleistungen

Was ist der Mehrwert einer Umsetzungsberatung? Was fehlt bei reinen Umsetzungsdienstleistungen? Dies wird deutlich, wenn man die Aufgaben bzw. Leistungen der Umsetzungsberatung an Hand der einzelnen Beratungsphasen herausarbeitet.

Die Orientierungs- und Analysephase gibt es im eigentlichen Verständnis nur in der Umsetzungsberatung. Denn ein Umsetzer wird das Briefing ohne weitere Reflexion exekutieren. Der Mehrwert der Umsetzungsberatung im Rahmen der *Orientierungsphase* liegt darin, dass u. a. die Aufgabenstellung und der zeitliche Rahmen hinterfragt werden. In der *Analysephase* könnte der Kontext der Kommunikationsmaßnahme analysiert werden – von den Aktivitäten der Mitbewerber bis hin zur Passung zu vergangenen bzw. aktuellen Aktivitäten des Klienten. In der *Lösungsphase* bewertet die Umsetzungsberatung die umgesetzten Entwürfe, benennt Vor- und Nachteile, gibt eine Empfehlung ab und moderiert die entscheidungsvorbereitende Diskussion zur Auswahl eines Entwurfs. Bei reinen Umsetzungsdienstleistungen wird der Klient mit dem Entwurf bzw. den Entwürfen hingegen allein gelassen, eine Hilfe beim Schließen der Kontingenz findet hier nicht statt (Tab. 5.2).

Tab. 5.2 Externe Beratungs- und Umsetzungsdienstleistungen als Idealtypen sowie Umsetzungsdienstleistung mit umsetzungsorientierter Beratung als Hybrid

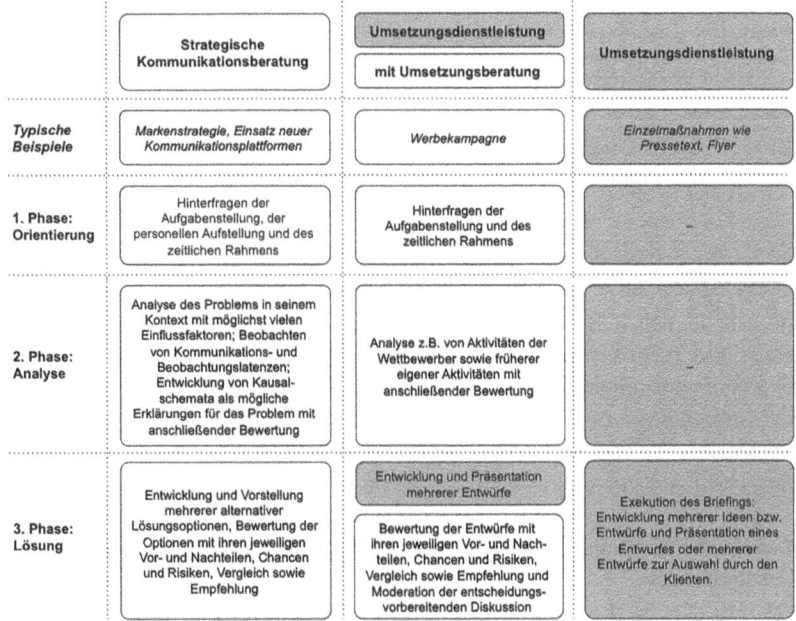

	Strategische Kommunikationsberatung	Umsetzungsdienstleistung mit Umsetzungsberatung	Umsetzungsdienstleistung
Typische Beispiele	*Markenstrategie, Einsatz neuer Kommunikationsplattformen*	*Werbekampagne*	*Einzelmaßnahmen wie Pressetext, Flyer*
1. Phase: Orientierung	Hinterfragen der Aufgabenstellung, der personellen Aufstellung und des zeitlichen Rahmens	Hinterfragen der Aufgabenstellung und des zeitlichen Rahmens	–
2. Phase: Analyse	Analyse des Problems in seinem Kontext mit möglichst vielen Einflussfaktoren; Beobachten von Kommunikations- und Beobachtungslatenzen; Entwicklung von Kausalschemata als mögliche Erklärungen für das Problem mit anschließender Bewertung	Analyse z.B. von Aktivitäten der Wettbewerber sowie früherer eigener Aktivitäten mit anschließender Bewertung	–
3. Phase: Lösung	Entwicklung und Vorstellung mehrerer alternativer Lösungsoptionen, Bewertung der Optionen mit ihren jeweiligen Vor- und Nachteilen, Chancen und Risiken, Vergleich sowie Empfehlung	Entwicklung und Präsentation mehrerer Entwürfe / Bewertung der Entwürfe mit ihren jeweiligen Vor- und Nachteilen, Chancen und Risiken, Vergleich sowie Empfehlung und Moderation der entscheidungsvorbereitenden Diskussion	Exekution des Briefings; Entwicklung mehrerer Ideen bzw. Entwürfe und Präsentation eines Entwurfes oder mehrerer Entwürfe zur Auswahl durch den Klienten.

Fehlende Distanz des Beraters zur Umsetzung

Diesen Vorteilen stehen strukturelle Defizite einer Umsetzungsberatung gegenüber, wenn Beratung und Umsetzung innerhalb derselben Agentur stattfinden. Umsetzungsberatung ist hier als Beobachtung zweiter Ordnung konzipiert worden, die Umsetzungsergebnisse wie beispielsweise Text- oder Designentwürfe als Beobachtung erster Ordnung bewertet. Das Problem ist, dass Berater ‚zu nah' an der Umsetzung sind, wenn diese in der eigenen Agentur realisiert wird. Dies ist in den Fällen offenkundig, wenn ein Berater zugleich der Umsetzer ist. In einem solchen Fall könnte er zwar seine eigene Arbeit mit einer Beobachtung zweiter Ordnung beobachten und bewerten. Das Problem des blinden Flecks bzw. der Beobachtungslatenzen ist in diesem Fall jedoch erneut anzutreffen. Und selbst in Agenturen, in denen Berater sowie die verschiedenen Umsetzungsdienstleistungen (z. B. Kreation, Redaktion, Produktion) in verschiedenen Abteilungen organisiert sind, steht der Berater genau vor dem Problem, das in Abschn. 4.1 für interne Berater ausgeführt wurde: Umsetzungsberater sind in dieser Konstellation letztlich interne Berater und damit den institutionellen und organisatorischen

Einflüssen ausgeliefert und unterliegen denselben organisationsweiten Beobach-
tungs- und Kommunikationslatenzen. Umsetzungsberater sind folglich in glei-
chem Maße abhängig wie interne Kommunikationsberater. Hinzu kommt, dass
Berater durch das Briefing und die interne Abnahme zumindest mittelbar in die
Umsetzung involviert oder wie im Falle einer Hybridrolle sogar selbst der Urhe-
ber z. B. von Claim- oder Headline-Varianten sind. Ein Berater gerät in diesen
Situationen – egal ob die Entwürfe von ihm selbst oder von Kollegen stammen –
schnell in eine Situation, seine Arbeit verteidigen zu müssen. Dies führt zum
Risiko einer strategischen Auswahl bzw. Präsentation der Lösungsoptionen, welche die Autonomie der Beratung gefährden: Alle vorgestellten Entwürfe werden
als ‚gleichermaßen geeignet‘ bewertet; eine favorisierte wird durch eine ‚Müll-
eimer‘-Variante zum Strahlen gebracht; oder aber man versucht, zwischen zwei
extremen Optionen eine Synthese zu positionieren, um jeden Klientengeschmack
zu treffen. Eine Umsetzungsberatung läuft damit schnell Gefahr, die Distanz zu
den umsetzenden Kollegen zu verlieren.

Dabei ist ein weiteres Problem noch gar nicht ausgeführt worden, weil es erst
in Abschn. 6.3.1 erläutert wird: Der Rat gerät hier noch schneller unter die Räder
ökonomischer Zwänge der Agentur, weil z. B. ein Ablehnen aller Entwürfe sei-
tens des Klienten weitere Kosten verursachen würde. Da sich beide Probleme
gegenseitig verstärken können, läuft eine umsetzungsorientierte Beratung damit
immer Gefahr, ihre Unabhängigkeit bzw. Autonomie zu verlieren.

Klärung der Grundsatzfrage: Beratung oder lediglich Umsetzung?
Im Alltag der Kunden-Agentur-Beziehungen mögen idealtypische Beratungsele-
mente wie das Aufzeigen weiterer bislang unbekannter Handlungsoptionen oder
das Nicht-Kämpfen für die favorisierte Lösung nicht nur die Ausnahme sein, sondern von beiden Seiten vielfach als höchst unerwünscht angesehen werden. Klienten mögen einwenden, dass sie eine Agentur dafür bezahlen, dass sie klare,
eindeutige Vorschläge macht, die im Zweifel nur noch abgenickt werden müssen,
damit sie schnell umgesetzt werden können. Eine Agentur mag einwenden, dass
sie aus Überzeugung und Begeisterung für die beste Lösung kämpft. Am Ende
wird vermutlich die ‚Heldengeschichte‘ von *Jung von Matt* erzählt werden, wie
die Agentur erfolgreich für den sich in den Sand fallen lassenden Mann im *Jever*-
Spot gekämpft habe (Bialek 2006). All dies ist nicht nur gut zu begründen, vor
allem müssen sich weder Klient noch Agentur dafür rechtfertigen. Denn man
kann mit guten Gründen eine quasi-entscheidende Agentur, eine umsetzungsorientierte Agentur oder die Delegation der gesamten Planung und Umsetzung
der Kommunikationsaktivitäten mit all ihren operativen Entscheidungen an eine
Agentur präferieren. Nur darf ein Klient sich in solchen Fällen nicht darüber

beschweren, dass die Agentur ‚kein guter Berater' sei und ihn nicht auf die Risiken einer Entscheidung hingewiesen habe. Es wird deutlich: Beratung darf nicht überhöht werden. Zur Vermeidung von Enttäuschungen erscheint es aber notwendig, dass sich Auftraggeber und Agentur darauf verständigen, *ob* sie nur Umsetzungs- oder auch Beratungsdienstleistungen erwarten bzw. liefern wollen.

Eine einmalige Grundsatzentscheidung zur Frage ‚Umsetzung mit oder ohne Beratung' ist jedoch wirklichkeitsfremd, da fast jede Agentur für einen Kunden sowohl Beratungs- als auch Umsetzungsdienstleistungen erbringt. Die zu klärende Frage lautet in einem solchen Fall, *wann* erwartet ein Klient Beratung bzw. umsetzungsorientierte Beratung und wann eine reine Umsetzung. Häufig dürften sich beide Seiten darüber einig sein: Bei der geringfügigen Änderung eines bestehenden Anzeigenmotivs wird in der Regel keine Beratung erwartet bzw. geleistet, während bei der jährlichen Klausurtagung Beratung erwartet bzw. geleistet wird. Mitunter kann es aber auch zu Missverständnissen kommen: Die Kommunikationsabteilung der Partei hat kurz vor dem Bundesparteitag keine Zeit für Beratungsdiskussionen und erwartet für eine kurzfristig beschlossene Zusatzveranstaltung schnell Entwürfe für Einladung, Hintergrundwand etc., während die Agentur Bedenken hat und daher mehrere Optionen in mehreren Größenordnungen entwickelt. Und umgekehrt mag ein Unternehmen mehrere Kreativlösungen inkl. einer Umsetzungsberatung erwarten, während die Agentur nach den leidvollen Diskussionen in der Vergangenheit und den damit verbundenen Kosten dem Klienten nur noch eine Lösung zur Entscheidung schickt. Dass solche Missverständnisse keine Seltenheit sind und insbesondere Agenturen darunter leiden (Zerfass et al. 2015, S. 93), darauf weisen auch Bathen und Jelden (2016, S. 47) in ihrer Studie zur Entwicklung der Agentur-Kunden-Beziehungen hin: „Agenturen sollten ein besseres Gespür dafür bekommen, wann ein kritisches Hinterfragen sinnvoll ist (Berater) und wann es besser ist, einfach die Dinge abzuarbeiten (Werkbank)."

Dies führt zu der viel grundsätzlicheren Frage, was der Preis der Kommunikationsberatung generell ist. Sie wird im folgenden Kapitel diskutiert.

5.2   Kosten und Risiken der Kommunikationsberatung

Der Wunsch nach Beratung im beschriebenen idealtypischen Verständnis setzt ein wahrgenommenes Risiko voraus. Ein solches Risiko wird bei jeder Entscheidung wahrgenommen. Denn erst die Wahrnehmung, dass man sich so oder auch anders entscheiden kann und dass die Entscheidung Folgen hat, konstituiert eine

Entscheidungssituation. Dies führt zur Frage, wann eine Organisation auf externe Berater zurückgreift und wann sie eine Entscheidung nach kürzerer oder längerer interner Diskussion ohne Unterstützung trifft.

Komplexitäts-Beratungs-Spirale

Wenn moderne Gesellschaften immer komplexer werden, erhöht dies die Wahrscheinlichkeit, dass immer mehr Risiken wahrgenommen werden. Wenn Entscheiden als ein „Sich-Einlassen auf Risiken" (Luhmann 2003, S. 89) verstanden wird, ist es naheliegend, dass Organisationen sich zunehmend selbst beraten bzw. beraten lassen, bevor sie eine Entscheidung treffen. Für Peter Fuchs ist Beratung heute so wichtig geworden, dass er bereits von einer Beratungsgesellschaft spricht: „Wenn man von Beratungsgesellschaft spricht, kann man eigentlich nur meinen, dass die Gesellschaft sich überall und in wachsendem Maße Beratungsinstitutionen gönnt, die an den Orientierungsproblemen, die temporär und lokal anfallen, weil es diese Gesellschaft mit dieser Form gibt, hospitieren und parasitieren. Beratung siedelt an den spezifischen und benennbaren Sinnunsicherheiten einer gesellschaftlichen Struktur, die durch Beratung gerade nicht geändert werden kann." (Fuchs 1994, S. 76).

Den bislang skizzierten Vorteilen der Beratung stehen aber eine Reihe von Nachteilen bzw. Risiken gegenüber. Diese verdeutlicht die Komplexitäts-Beratungs-Spirale (Abb. 5.1), die in Anlehnung an die Komplexitäts-Transparenz-Spirale von Jansen (2010, S. 27) konzipiert werden kann. Ein wahrgenommenes *Risiko* in einer Entscheidungssituation kann zu einem Wunsch nach Beratung führen, in deren Verlauf weitere bislang noch unbekannte Optionen bekannt werden. Diese erhöhen wiederum die *Komplexität* der Situation, die den Selektionsdruck bzw. die *Selektivität* erhöhen und die *Kontingenz* öffnen. Einerseits hilft Beratung zwar beim Schließen der entscheidungsbezogenen Kontingenz, andererseits kennt

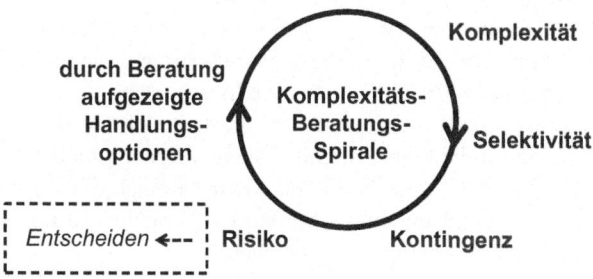

Abb. 5.1 Komplexitäts-Beratungs-Spirale. (Quelle: in Anlehnung an Jansen 2010, S. 27)

der Klient nun nicht nur bislang unbekannte Handlungsoptionen, sondern auch noch weitere Einflussfaktoren. Dies kann dazu führen, dass erneut ein Risiko wahrgenommen wird, das zu weiterer Beratung führen kann usw. usf. Aus dieser Spirale gibt es nur einen Ausweg: Ein Entscheider muss im Angesicht der Risiken eine Entscheidung treffen.

Die Spirale macht deutlich, dass idealtypische Beratung Entscheidungssituationen nicht zwangsläufig vereinfacht. Idealtypische Beratung führt vielmehr dazu, dass eine Organisation besser informiert, also aufgeklärter entscheidet – sie also zusätzliche Optionen mit ihren jeweiligen Vor- und Nachteilen kennt. Gerade durch die Kenntnis bislang unbekannter Optionen kann Beratung aber auch dazu führen, dass im Moment des Entscheidens ein höheres Risiko wahrgenommen wird als bei einer – naiver getroffenen – Entscheidung ohne externe Beratung.

Die Komplexitäts-Beratungs-Spirale zeigt zwei weitere Nachteile bzw. Risiken der Beratung auf. Erstens führt Beratung zunächst einmal zu einem Zeitverlust. Positiv gewendet erkennen einige Autoren in diesem „Aufschub" (Fuchs 2010, S. 102) sogar die zentrale Funktion der Beratung. Eine Organisation setzt eine Entscheidung bewusst aus, um sich zunächst beraten zu lassen. Dies kann jedoch zu Problemen führen, wenn beispielsweise durch sich verschlechternde Umweltbedingungen die Erfolgschancen weiter sinken. Dies dürfte für viele Fälle in der Krisenkommunikation gelten. Zweitens haben die Überlegungen zum blinden Fleck deutlich gemacht, dass die Beobachtungen des Beraters denen des Klienten nicht per se überlegen sind. Die nach einer Beratung getroffene Entscheidung einer Organisation wird zwar aufgeklärter getroffen, ist aber nicht zwangsläufig ‚besser'. Die gescheiterten Kampagnen und Unternehmensumstrukturierungen, die nach Beratungsprozessen mithilfe externer Berater entschieden und umgesetzt wurden, belegen dies eindrücklich.

Die Suche nach dem richtigen Maß an Kommunikationsberatung
Diese Überlegungen führen zur Frage, ob ein Klient in der Zusammenarbeit mit einer Agentur eine hinterfragende und optionenaufzeigende Beratung nachfragen oder sich auf eine exekutierende Umsetzung beschränken sollte. Einerseits könnte man sagen, dass Beratung zwar keine bessere Entscheidung garantiert, aber eben auch relativ wenig schaden kann. Andererseits stellt sich vor dem Hintergrund begrenzter Ressourcen die Frage, wie oft sich eine Organisation Beratung – zeitlich wie finanziell – leisten möchte. Denn wie die Komplexitäts-Beratungs-Spirale aufgezeigt hat, erhöht Beratung nicht nur die Lernfähigkeit und Flexibilität, sondern auch die Komplexität in Organisationen.

Am Ende muss jede Organisation das für sie angemessene Maß an Beratung finden. Dieser unauflösbare Widerspruch gilt für alle Praktiken des organisationalen Lernens: „Organizing and learning are essentially antithetical processes [...] To learn is to disorganize and increase variety. To organize is to forget and to reduce variety." (Weick und Westley 1996, S. 440). Wie das Controlling oder das Qualitätsmanagement hilft externe Beratung, dass eine Organisation Strukturen und Prozesse hinterfragt und ggf. verändert. Eine solche Organisation ist damit in der Regel flexibler und entscheidet aufgeklärter, als Organisationen, die sich solche Institutionen nicht gönnen. Das Problem: Während ‚bessere Zukunftschancen' nur ein vages Versprechen von externer Beratung oder des Qualitätsmanagements sind, ist eines sicher: Sie kosten kurzfristig Zeit und Geld. Daher wird jede Organisation entscheiden müssen, wie viel Reflexivität und damit externe Beratung sie sich im jeweiligen Wettbewerbsumfeld in einer gegebenen Situation leisten muss, kann bzw. will.

Die Suche nach dem richtigen Maß an Meta-Beratung
Damit ist man wieder bei der Meta-Beratung angekommen, der Beratung zur Kommunikationsberatung, die für Klienten und Berater zu neuen Herausforderungen führt. Für Klienten heißt das konkret: Um das angemessene Maß an externer Beratung zu finden, müssen Klienten die risikobehaftete Entscheidung treffen, ob bzw. wie sie sich zu risikobehafteten Entscheidungen von externen Beratern beraten lassen.

Während diese Grundsatzfrage bei der möglichen Zusammenarbeit mit klassischen Unternehmensberatungen mitunter sinnvoll sein mag, erscheint dies bei typischen Projekten für Kommunikationsberater wenig wirtschaftlich. Denn strategische Kommunikationsberatung mit einer reinen Objektivierungs- oder Innovationsfunktion und ohne Umsetzungsperspektive ist immer noch selten. In der Regel zielen Aufträge zumindest mittelbar auf die Umsetzung von Kommunikationsmaßnahmen. Und für die grundsätzliche Bewertung bzw. Beratung zur Angemessenheit von Kommunikationsmaßnahmen sind nicht Meta-Berater, sondern Kommunikationsberater die spezialisierten Berater.

In der Kommunikationsberatung dürfte die Grundsatzfrage an Meta-Berater eher lauten, ob für eine konkrete Aufgabenstellung eine – in der Regel – preiswertere umsetzungsorientierte Agentur genügt oder ob man sich eine Agentur leisten sollte, die zusätzlich als strategischer Berater bzw. Umsetzungsberater tätig ist. Damit ist man wieder bei der Ausgangsfrage dieses Kapitels angekommen: Wie viel Kommunikationsberatung gönnt sich ein Klient? Ein Meta-Berater kann gemeinsam mit dem Klienten entweder für einen singulären Fall eine Antwort auf diese Frage suchen. Oder aber es werden grundsätzliche Leitlinien bzw. Vorgaben für eine Klientenorganisation entwickelt, in welchen Fällen reine Umsetzungsagenturen und in welchen Fällen Agenturen mit einer zusätzlichen

Beratungsexpertise beauftragt werden. Spätestens hier kommen zusätzlich interne Meta-Berater ins Spiel, die ihre Kollegen zu den einmal entwickelten Regeln beraten. Es wird insgesamt deutlich, dass Beratung wie jede Praktik des organisationalen Lernens keine Sicherheit garantieren kann. Die Katastrophen, die aus Empfehlungen von Beratern resultieren, werden hier gerne als Argument gegen externe Berater angeführt. Und doch hat externe Beratung einen Nutzen, wenn alle Beteiligten im Sinne eines Rationalitätsmythos an sie glauben. Kühl nennt dies den „Regenmacher-Effekt" (Kühl 2000): Beratung fördert das Leitbild der lernenden Organisation und damit die Fähigkeit zum Ausprobieren in der grundsätzlich konservativen Umgebung einer Organisation.

Literatur

Bathen, D., und J. Jelden. 2016. *Agentur-Kunden-Beziehungen von morgen. In der Sackgasse oder Sprungbrett zu neuen Möglichkeiten.* Frankfurt a. M.: GWA.

Bialek, C. 2006. Werbung mit Hirn, 27.04.2006. http://www.handelsblatt.com/unternehmen/management/neuromarketing-werbung-mit-hirn/2646336.html. Zugegriffen: 12. Jan. 2017.

Fuchs, S. 1994. Und wer berät die Gesellschaft? Gesellschaftstheorie und Beratungsphänomen in soziologischer Sicht. In *Beratungsgesellschaft*, Hrsg. P. Fuchs und E. Pankoke, 67–77. Schwerte: Katholische Akademie Schwerte.

Fuchs, P. 2010. *Diabolische Perspektiven: Vorlesungen zu Ethik und Beratung.* Münster: LIT.

Fuhrberg, R. 2010. *PR-Beratung: Qualitative Analyse der Zusammenarbeit zwischen PR-Agenturen und Kunden.* Konstanz: UVK.

Jansen, S.A. 2010. Undurchsichtige Transparenz. Ein Manifest der Latenz. Oder was wir aus Terrornetzwerken, von Geldautomatensprengungen und Bankenaufsicht lernen könnten. In *Transparenz. Multidisziplinäre Durchsichten durch Phänomene und Theorien des Undurchsichtigen*, Hrsg. S. A. Jansen, E. Schröter, und N. Stehr, 23–40. Wiesbaden: VS-Verlag.

Kühl, S. 2000. *Das Regenmacher-Phänomen. Widersprüche und Aberglaube im Konzept der lernenden Organisation.* Frankfurt a. M.: Campus.

Luhmann, N. 2003. *Soziologie des Risikos.* Berlin: De Gruyter.

Weick, K.E., und F. Westley. 1996. Organizational learning: Affirming an oxymoron. In *Handbook of organizational studies*, Hrsg. S. Clegg, C. Hardy, und W.R. Nord, 440–458. London: Sage.

Zerfass, A., D. Verčič, P. Verhoeven, A. Moreno, und R. Tench. 2015. European communicaton monitor 2015. Creating communicaton value through listening, messaging and measurement. Results of a survey in 41 countries. Brussels: EACD – European Association of Communication Directors.

Die Zusammenarbeit von Kommunikationsberatern und Klienten

6

Zusammenfassung

Die Paradoxie von Nähe und Distanz prägt die Berater-Klienten-Beziehung ganz wesentlich. Einerseits ist eine gewisse Nähe des Beraters zum Klienten notwendig, um die Aufgabenstellung verstehen und an die Klientenorganisation anschlussfähig bleiben zu können. Andererseits ist Distanz notwendig, um etwas anderes zu sehen als der Kunde. Studien zeigen, dass Klienten sich bei der Auswahl eines Kommunikationsberaters häufig für die Nähe entscheiden und die Distanz scheuen. Bei der Zusammenarbeit geht es darum, ein Beratungssetting zu schaffen, das eine unabhängige Beratung gewährleistet und die Voraussetzung für Qualität in der Beratung ist. Während Klienten zu naheliegenden und leicht umsetzbaren Lösungen neigen, stellen wirtschaftliche Erwartungen die größte Gefahr für die Unabhängigkeit der Berater in Agenturen dar. Diese sind aber nicht der einzige blinde Fleck bzw. das einzige Tabu, mit dem Kommunikationsberater in ihrer Arbeit konfrontiert sind.

6.1 Die Paradoxie von Nähe und Distanz

In der Literatur und auch in den bisherigen Überlegungen sind höchst widersprüchliche Erwartungen an Berater bzw. Beratung formuliert worden: Einerseits sollen sich Berater den fremden Blick bewahren, andererseits sollen sie das Klientensystem gut verstehen. Einerseits sollen Berater Querdenker und vom Widerspruchsgeist beseelt sein, andererseits sollen sie den Klienten bei der Entscheidungsfindung unterstützen und ihn zum Ziel der Entscheidung führen. Während die einen die Distanz herausstellen – die Wirksamkeit des Beraters basiere

© Springer Fachmedien Wiesbaden GmbH, ein Teil von Springer Nature 2018
O. Hoffjann, *Kommunikationsberatung,*
https://doi.org/10.1007/978-3-658-22665-7_6

„auf ihrer Andersartigkeit, Fremdheit, Externalität" (Moldaschl 2015, S. 57) –
betonen andere die Nähe: „Statt Distanz ist hier die Nähe zum Kunden oder
Klienten nicht nur wichtig, sondern ein absolutes Muss für eine erfolgreiche
Zusammenarbeit und Beratung" (Klewes und Schucht 2002, S. 45). Zu viel
Fremdheit führt zu Abstoßungseffekten, zu viel Nähe zur Eingemeindung (Zech
2013, S. 108). Die Paradoxie von Nähe und Distanz prägt die Berater-Klienten-
Beziehung und damit Beratung ganz entscheidend (Hoffmann et al. 2007,
S. 225 ff.). Dieser Widerspruch soll im Folgenden ‚durchdekliniert' und damit
konkretisiert werden.

Beobachtungsstrukturen
Die Paradoxie von Nähe und Distanz ist in Abschn. 2.2 erstmals im Kon-
text der Beobachtungsstrukturen erläutert worden – konkreter im Kontext des
‚blinden Flecks' und der Beobachtungslatenzen. Das Problem von zu großer
Nähe ist in der internen Kommunikationsberatung deutlich geworden: Interne
Kommunikationsberater unterliegen denselben organisationalen Zwängen,
Beobachtungs- und Kommunikationslatenzen und haben hierdurch große Nach-
teile gegenüber externen Beratern. Für den Vorteil der Distanz bezahlen externe
Kommunikationsberater den Preis fehlender Nähe: Damit externe Berater
angemessene Ursachenbeschreibungen und Lösungsoptionen entwickeln kön-
nen, müssen sie sich intensiv mit dem Klienten und seinen Beobachtungen aus-
einandersetzen. Externe Berater müssen die Klientenorganisation mit ihren
Strukturen und Beobachtungen kennen und verstehen lernen. Damit geraten
Berater in ein Dilemma: Je besser sie das Klientensystem und die Klienten-
organisation kennen und verstehen, desto mehr nähern sie sich einander an – das
Beratersystem im Zweifel noch näher an das Klientensystem als umgekehrt. Die
Folge: Berater- und Klientensystem haben vergleichbare Beobachtungslatenzen
und entwickeln Verständnis für die Zwänge des Klienten. Dann aber wäre der
Berater „eingemeindet" (Zech 2013, S. 108). Der Berater würde sehen, was der
Klient sieht – und wäre damit überflüssig.

Dauer der Zusammenarbeit
Damit hängt eng die Dauer der Zusammenarbeit zusammen. Den fremden Blick,
den ein externer Berater auf die Organisation hat, verliert er mit zunehmender
Dauer der Zusammenarbeit, während das Wissen zur Organisation und das Verständnis füreinander zunehmen. Irgendwann agiert ein externer Berater nahezu
wie ein ‚Interner'. Für Agenturen müsste dies wegen der hohen Mitarbeiterfluktuation in der Branche nur selten ein Problem sein. Ein Problem wäre es
lediglich, wenn mit einem funktionierenden Wissensmanagementsystem die

nachrückenden Berater über das Wissen ihrer Vorgänger verfügen würden. Hoffjann und Röttger (2009) haben gezeigt, dass dieses Risiko angesichts eines ungenügenden Wissensmanagementsystems in vielen PR-Agenturen kaum besteht. Mit anderen Worten: So sehr ein funktionierendes Wissensmanagement das Lernen einer Agentur ermöglicht, so sehr trägt es auch dazu bei, dass eine Agentur im Laufe der Jahre die Vorteile ihrer externen Perspektive gegenüber einem Klienten verlieren kann. Und allgemeiner: So anstrengend der Wechsel von Beratern auf Agenturseite für Klienten sein mag, so groß sind die Chancen, die für sie darin liegen. Eine Alternative dazu wäre nurmehr der Agenturwechsel.

Einschlägige Expertise

Eine weitere Ausprägung der Paradoxie von Nähe und Distanz ist die Frage der einschlägigen *Branchen-Expertise, Bezugsgruppen-Expertise bzw. die Expertise zu vergleichbaren Projekten,* die bei der Auswahl von Beratern wichtige Auswahlkriterien sind. So wird ein Unternehmen mit einem Public Affairs-Problem in der Regel eine Agentur mit einer solchen Expertise auswählen. Berater dieser Agenturen verfügen mitunter über jahrzehntelange Erfahrungen und haben vielleicht sogar bereits in der Klientenorganisation selbst oder vergleichbaren Organisationen gearbeitet. Diese Expertise von Beratern ist ambivalent zu bewerten: Denn Beratung hat zwar den Branchen- bzw. gesellschaftlichen Kontext zu berücksichtigen, muss sich zugleich aber davon distanzieren (Steiner 2009). Daraus folgt, dass ein Berater „die Selektionslogik ihrer (gesellschaftlichen) Kontexte zwar zum Anlass nimmt, dass [er] sie jedoch nicht in die Beratung verlängert, sondern sie kommunikativ bricht und spiegelt" (Steiner 2009, S. 115). Für das Unternehmen mit dem Public Affairs-Problem heißt das konkret: Einerseits sind die Kenntnisse der Akteure, der Rituale und der Mechanismen im Feld der politischen Kommunikation zwar ein wichtiger Teil des Expertenwissens. Andererseits laufen Berater mit einer langjährigen Branchenexpertise Gefahr, die Distanz zu verlieren und das Problem nicht mehr aus alternativen Perspektiven beobachten zu können. Sie neigen ähnlich wie Klienten zu bekannten und bewährten Lösungen.

Intervention

Bei Interventionen in einem nichtdirektiven Beratungsverständnis zeigt sich das Postulat der Nähe darin, dass Berater die Beobachtungen, Analysen, Lösungen und Argumente möglichst in die Sprache des Klienten übersetzen, die Rationalität der Klientenorganisation berücksichtigen sowie an bestehende Praktiken und Praxen anschließen sollen (Seidl und van Aaken 2007, S. 181). Berater knüpfen also an die inneren Landkarten des Klienten an (Simon 2014, S. 108). Hier zeigt sich das Ausmaß der strukturellen Kopplung von Beratern und Klienten. Damit kann vermieden werden, dass Lösungsoptionen leichtfertig abgelehnt werden können: „Die Empfehlungen des Beraters werden auch gerne mit dem Vorwurf der Praxisferne disqualifiziert, um sich vor der internen Umsetzung zu schützen" (Femers 2002, S. 51).

Auf der anderen Seite zeigt der Diskurs des organisationalen Lernens, „dass es sich beim Lernen um einen Prozess der Abweichungsverstärkung handelt und dass ein solcher Prozess in einem sozialen System, das zur Verringerung, wenn nicht Verhinderung von Abweichungen eingerichtet ist, nur als Widerspruch eingerichtet werden kann" (Baecker 2003, S. 182). Lernen kann daher auch als „Konfliktinszenierung mit ungewissem Ausgang" (Baecker 2003, S. 183) verstanden werden. So sehr vor allem Problem- und Ursachenbeschreibungen vom Klienten entsprechend verarbeitet und verstanden werden müssen, so sehr sollten Berater z. B. im Bereich von CSR-Themen die Andersartigkeit fremder Perspektiven verdeutlichen. Das kann sich einerseits in einer Dramatisierung der Beschreibung widerspiegeln, andererseits in einer bewussten Konfrontation mit anderen Perspektiven und Logiken. Der Klient kann dadurch die Fremdheit und das Unverständnis erleben, mit der andere Bezugsgruppen seine eigene Organisation wahrnehmen.

Umgang mit Widerspruch

Die Paradoxie von Nähe und Distanz wird in der Literatur besonders mit Blick auf die Rolle von Beratern beim Umgang mit Widerspruch diskutiert:

> Das Ethos der ‚Dienstleistungsbereitschaft' – Das Prinzip ‚Clients first' – haben gute Berater stark verinnerlicht, schlechte Berater praktizieren dies bis zur Selbstaufgabe. Der Spagat zwischen dem Selbstverständnis als ‚Dienstleister', dem Wünsche ein Befehl sind, und dem Anspruch ‚Berater' zu sein, der den Klientenwünschen kritischen Gegensachverstand entgegensetzt, will durchaus gelernt sein. Gerade junge Berater haben es hierbei schwer, eigene Erwartungen an ihre Rolle und die Erwartungen von Vorgesetzten und Klienten zu harmonisieren. Auch wenn es beim Beratungsprozess um Bedürfnisbefriedigung des Klienten geht, darf der Berater nicht in eine völlige Servicementalität und Unterordnung verfallen (Femers 2002, S. 44).

Einerseits wird ein Berater mit Rückgrat propagiert. „Unbequeme Berater sind gute Berater […] Wenn der Berater dem Klienten gegenüber zu willfährig ist, dann wird er die tatsächlichen Probleme kaum aufdecken können" (Leciejewski 1996, S. 148). Dies ist bereits bei der entscheidungsvorbereitenden Diskussion herausgearbeitet worden: Widerspruch kann hier gerade dann sinnvoll sein, wenn

Klienten bewährte, naheliegende oder preiswerte Lösungen präferieren, um Unbekanntes oder Teures zu meiden. Ein Berater ist also kein meinungsloser reiner Moderator (Zech 2013, S. 91). Andererseits sind Berater keine Besserwisser, weil auch sie nicht den Ausgang der von ihnen empfohlenen Optionen kennen – auch wenn sie gute Gründe für die von ihnen empfohlene Option benennen sollten.

Umgang mit Tabus und Kritik
Verwandt dazu ist die Frage, wie Berater mit Tabus und Kritik umgehen. Es ist gezeigt worden (Abschn. 3.2), dass Tabus als Kommunikationslatenzen Veränderungen in Organisationen verhindern können und es deshalb notwendig sein kann, sie anzusprechen. Das gleiche gilt für die Artikulation von Kritik, die keine persönliche Kritik des Beraters, sondern professionelle Beobachtungen sind. Das Brechen von Tabus und die Artikulation von Kritik sind damit eine zentrale Aufgabe von Beratung. Aber gerade weil Tabus eine Schutzfunktion haben, ihr Aussprechen damit auch ungeahnte dysfunktionale Dynamiken auslösen können, sollten Berater damit sehr schonend und verantwortungsvoll umgehen.

Persönliche Nähe
Ein letzter Aspekt ist schließlich das vermeintlich ‚sachfremde' Argument der Sympathie bzw. persönlichen Nähe des Beraters zum Klienten. Wenn die ‚Chemie' zwischen Berater und Klient nicht stimmt, kann es dies dem Klienten leichter machen, beispielsweise eine kritische Bestandsaufnahme bisheriger Kommunikationsaktivitäten abzulehnen. Diesen Abstoßungseffekten steht das Risiko der Eingemeindung (Zech 2013, S. 108) bei einer zu großen persönlichen Nähe gegenüber, wenn der Berater wegen der großen persönlichen Nähe oder gar Freundschaft zum Klienten ein zu großes Verständnis für dessen Zwänge entwickelt. Wie ambivalent dieser Aspekt jedoch ist, zeigt sich daran, dass es bei einer persönlichen Nähe umgekehrt leichter fallen könnte, unbequeme und kritische Dinge offen und schonungslos anzusprechen.

Berater müssen mit diesen unauflösbaren Widersprüchen (Tab. 6.1) umgehen, die sie in verschiedene Dilemmata führen. Einerseits zeigt sich hier die generelle Empfehlung, dass Berater bzw. Klienten immer situativ entscheiden müssen. Andererseits zeigen sich im Falle des Umgangs mit Tabus auch Situationen, in denen ein Berater kaum gewinnen kann.

Tab. 6.1 Ausprägungen der Nähe-Distanz-Paradoxie in der Kommunikationsberatung

	Distanz	Nähe
Beobachtungsstrukturen	Unterschiedlich	Ähnlich
Dauer der Zusammenarbeit	Kurz	Lang
Einschlägige Expertise	Wenig	Viel
Intervention	Konfliktinszenierung	Verständlichkeit und ‚Praxis'nähe
Umgang mit Widerspruch	Widerspruch erwünscht	Keine Besserwisserei
Umgang mit Tabus und Kritik	Schonungslos und offen	Schonend
Persönliche Nähe	Unsympathisch bzw. persönlich distanziert	Sympathisch bzw. persönlich verpflichtet

6.2   Die Auswahl des Beraters

Die Auswahl des Beraters ist eine folgenreiche Entscheidung. Wie bei Dienstleistungen generell wird dabei ein hohes Risiko wahrgenommen. Der Umgang mit der Paradoxie von Nähe und Distanz ist dabei erwartbar und in gewisser Weise allzu ‚menschlich': Organisationen suchen die Nähe, das Vertraute und das Ähnliche. Sie suchen die Lösung nach dem ‚Mehr-desselben-Muster' (Watzlawick et al. 1979, S. 51 ff.). Das Risiko: Ein Klient „sucht einen Berater, der professionell das tut, womit er selbst bereits gescheitert ist. Die Wahrscheinlichkeit, dass der Beratungskunde den für das Erreichen seiner Ziele falschen Berater engagiert, ist daher ziemlich groß [...] Denn im Allgemeinen erhält man als Berater [...] von seinen Klienten nicht den Auftrag, ein bestimmtes Ziel zu erreichen, sondern einen bestimmten Weg zu sehen [...] Wenn dieser Auftrag unkritisch angenommen wird, führt das mit einer gewissen Wahrscheinlichkeit zum Scheitern der Beratung." (Simon 2014, S. 17). Diese Überlegungen bestätigt eine Befragung von internen PR-Funktionsträgern in der Schweiz. Sie wurden nach ihren Gründen für die Auswahl einer Agentur gefragt. Ihre wichtigsten Auswahlkriterien fanden sich alle auf der Seite der Nähe: positive Erfahrungen mit der Agentur in der Vergangenheit, Branchenkenntnisse, ähnliche Philosophie (Röttger et al. 2003, S. 234). Zu vergleichbaren Ergebnissen kamen andere Studien (z. B. GWA 2010; Zerfass et al. 2015, S. 93), nach denen Kunden dazu neigen, vor allem solche Agenturen auszuwählen, von denen sie sich ‚verstanden' fühlen – sei es durch die ‚Chemie, die stimmt', durch eine einschlägige Branchenexpertise oder gar, weil sie die Organisation schon einige Jahre kennen.

All dies stärkt in der Summe die Seite der Nähe und fördert von Beginn an das Risiko der Eingemeindung.

Wie bei jeder Paradoxie gibt es auch für die Auswahl von Beratern keine ideale Lösung, helfen könnte aber ein bewusster Umgang mit den Ausprägungen der Paradoxie von Nähe und Distanz. Dabei können beispielsweise zirkuläre Fragen dem Klienten helfen, etwas über das Beratungs- und Rollenselbstverständnis möglicher Berater zu erfahren (Simon und Rech-Simon 2016).

Die bisherigen Überlegungen führen zudem zu einem konkreteren Hinweis. So lässt sich aus den vier abgeleiteten Beratungsfunktionen in Bezug auf die Fachexpertise eine Hypothese ableiten: Während es bei Beratungsprojekten, in denen die Kapazitätserweiterungsfunktion und die Wissenstransferfunktion primär gefragt sind, sinnvoll erscheint, dass die jeweilige Fachexpertise möglichst genau zum Beratungsfeld passt, kann es bei der Innovations- und Objektivierungsfunktion sogar sinnvoll sein, bewusst Berater aus anderen Feldern zu nehmen, die das Problem mit ganz anderen Unterscheidungen beobachten, die sie in anderen Projekten entwickelt haben.

Insgesamt zeigt sich damit: Eine zu große Vertrautheit mit der Branche kann ebenso ein Risiko wie eine weitgehende Unkenntnis sein. Eine langjährige Zusammenarbeit kann ebenso zum Problem werden wie ein halbjährlicher Austausch des Beraters. Ein funktionierendes Wissensmanagementsystem ist ebenso ein Risiko wie sein völliges Fehlen. Kurzum: „Zu viel Fremdheit führt zu Abstoßungseffekten, zu viel Nähe zur Eingemeindung" (Zech 2013, S. 108). Eine interdisziplinäre ‚Durchmischung' von Beraterteams, wie sie in Unternehmensberatungen bereits seit langer Zeit diskutiert wird, und eine geregelte Fluktuation in Beraterteams könnten das Risiko der Eingemeindung hier zumindest in Teilen lösen. Sie setzen aber eine gewisse Nachsicht bei Beraterkollegen und Klienten voraus. Die Auswahl des geeigneten Beraters ist damit wie Beratung selbst: Sie ist mit Zumutungen und Risiken verbunden. Bei all dem gilt daher: Der mutige Versuch, eingetretene Wege zu verlassen und einen anderen Beratertypen zu engagieren, kann ebenso in einem neuen Desaster enden. Auch wenn man die Möglichkeiten der (internen und externen) Meta-Beratung nicht überhöhen und überschätzen sollte, so scheinen sie bei dieser grundsätzlichen Frage hilfreich zu sein.

6.3 Schaffung eines geeigneten Beratungssettings

Wenn für Beratung immer wieder ein geschützter Raum eingefordert wird, dann ist damit die Erwartung verbunden, dass externe Einflüsse die Beratungsqualität mindern. Als geschützter Raum kann mit dem hier benutzten Beratungsverständnis verstanden werden, dass die Autonomie des Beratungssystems gesichert ist. Die Beratungsqualität hängt dann nicht von der – wie auch immer definierten – Qualität der getroffenen Entscheidung ab, sondern „ob durch Beratungsintervention eine differenziertere Problemsicht ermöglicht wurde oder ob neue Optionen im Umgang mit Problemen entwickelt wurden" (Ernst 2010, S. 128).

Die Beratungsqualität bzw. die Autonomie der Beratung sind insbesondere durch die beiden Organisationen gefährdet, in die Berater und Klienten eingebettet sind. Weil Berater in Agenturen sowie Klienten in Unternehmen, Parteien oder anderen Organisationen aus ganz unterschiedlichen Gründen in ihrer Unabhängigkeit gefährdet sind, werden die Probleme für sie im Folgenden getrennt erläutert.

6.3.1 Sicherung eines autonomen Beratersystems

Wenn eine Kommunikationsagentur nicht nur berät, sondern auch umsetzt, ist die Autonomie aus zwei Gründen in großer Gefahr. Der erste Grund ist im Kontext der Umsetzungsdienstleistungen bereits ausgeführt worden: Berater, deren Agenturkollegen oder die sogar selbst die vorgeschlagenen Maßnahmen umsetzen, sind zu nah an der Umsetzung. Umsetzungsberater sind in dieser Konstellation letztlich interne Berater und damit denselben institutionellen und organisatorischen Einflüssen sowie denselben organisationsweiten Beobachtungs- und Kommunikationslatenzen ausgeliefert wie ihre umsetzenden Kollegen in Kreation, Redaktion und Produktion. Sie geraten damit schnell in Situationen, in denen sie ihre Arbeit verteidigen, weil ihnen die notwendige Distanz fehlt.

Hinzu kommt das Risiko der ökonomischen Kolonialisierung: Wenn eine Kommunikationsagentur den Großteil ihres Umsatzes nicht durch Beratung, sondern durch die Umsetzung von Kommunikationsmaßnahmen erzielt, droht diese Nähe von Rat und Umsetzung das Beratungsergebnis zu beeinflussen. Welche Agentur wird schon als Reaktion auf öffentliche Kritik ein unternehmerisches Einlenken zur Lösung der beobachteten Ursache empfehlen, wenn sie mit einer Kommunikationskampagne zur öffentlichen Rechtfertigung deutlich mehr Geld verdienen könnte? Für die ‚schwarzen Schafe' hat es der Berater Zimmermann pointiert wie folgt beschrieben (2002, S. 61): „Die ‚Beratung' arbeitet vor allem in den ersten Stunden und Tagen mit Hochdruck und Dampf an der Einführung und Umsetzung der in der Analyse empfohlenen Methoden. Es geht um ein dynamisches, positives und erfolgversprechendes Szenario, das wiederum streng nach Drehbuch abläuft. Der Unternehmer und seine Führungskräfte werden zu immer leichtfertigeren Handlungen im Sinne des Abzockers veranlasst."

Dieser Einfluss wirtschaftlicher Erwägungen auf das Beratersystem soll im Folgenden erläutert werden, indem zunächst das Beratersystem als Teil einer Agentur konzipiert, anschließend die Risiken der Profit-Organisation Agentur für das Beratersystem und abschließend Strategien zur Sicherung eines autonomen Beratersystems erläutert werden.

Einfluss wirtschaftlicher Erwägungen auf das Beratersystem
Das Beratersystem ist neben der Umsetzung oder der Agenturleitung eines von mehreren Subsystemen der Organisation Agentur (Abb. 6.1). Wie praxisnah systemtheoretisches Denken mitunter sein kann, zeigt sich daran, dass in dieser theoretischen Perspektive ein Mitarbeiter an Beratungskommunikation *und* an Umsetzungskommunikation partizipieren kann. Selbst wenn man Agenturen als Multireferenten (Wehrsig und Tacke 1992) und nicht primär als Wirtschaftsorganisation versteht, so hat der wirtschaftliche Erfolg Einfluss auf das Beratersystem, weil in Agenturen Beratung als Arbeit geleistet wird und diese bezahlt werden muss. Berater beraten also nicht im luftleeren Raum, sondern sind sich bewusst, dass vom Beratersystem in aller Regel Wirtschaftlichkeit erwartet wird. Diese Abhängigkeit zeigt sich vor allem, wenn die Wirtschaftlichkeit nicht gegeben ist: In wirtschaftlich defizitären Beratersystemen dürften früher oder später Stellen gekürzt werden. Umgekehrt haben in der Regel solche Berater die besten Karrierechancen, die auch wirtschaftlich besonders erfolgreich sind (de Vries 1995). Der strukturelle Widerspruch von Beratungsqualität und wirtschaftlichen Erwägungen dürfte wohl in jeder Agentur zu beobachten sein: „Wenn wir uns als Berater in ökonomischer Abhängigkeit befinden, ist ein gelassener Umgang damit extrem herausfordernd. Daher ist für diesen Beruf eine Basisunabhängigkeit eine wichtige Voraussetzung für Professionalität. Gerade beim Aufbau eines

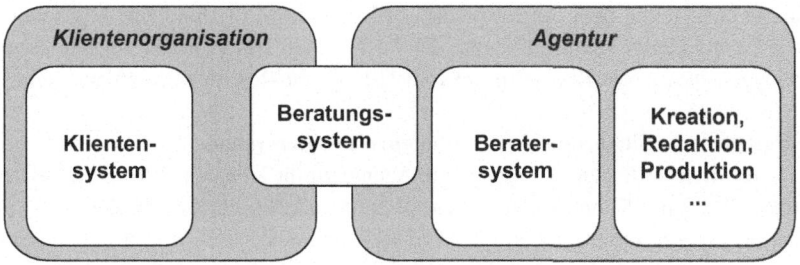

Abb. 6.1 Einbettung des Klienten- und Beratersystems

Kundenstamms ist das natürlich eine Paradoxie. Jeder muss diese Situation für sich lösen" (Königswieser und Hillebrand 2015, S. 104).

Damit sitzen Berater als Agenturmitarbeiter zwischen zwei Stühlen. Negative Folgen einer solchen Ökonomisierung der Beratung sind für die Beratung kaum zu vermeiden. Dies beginnt beim Effizienzdenken bei der Durchführung beratender Tätigkeiten wie der Analyse und Entwicklung von alternativen Lösungskonzepten. Wirtschaftlichkeitsdenken fördert hier Standardlösungen und „der Anpassung von Klienten an bestehende Angebote" (Steiner 2009, S. 123). Und dies endet noch nicht beim Versuch, sich an den beobachteten Erwartungen des Klienten zu orientieren, um den Auftrag nicht zu verlieren. Wenn das Beratersystem am Ende die Funktionslogik des Klientensystem übernimmt, beraubt es sich seiner eigenen Wirksamkeit (Zech 2013, S. 103).

Eine zentrale Frage ist hierbei, wie wirtschaftlicher Erfolg in Agenturen definiert wird. Hier kann man im Wesentlichen zwischen zwei Positionen unterscheiden: Bei der a) *wirtschaftlichen Bewertung von Beratungsdienstleistungen einer Einheit* wird nur die Wirtschaftlichkeit von Beratungsdienstleistungen bewertet. Wenn die Agenturleitung sich hier mit einem zufriedenstellenden Gewinn begnügt, bietet eine solche Bemessungsgrundlage jenseits der oben benannten Risiken viele Voraussetzungen für eine weitgehend autonome Beratung und damit eine hohe Beratungsqualität – und würde nicht zuletzt auch die Chancen von Weiterempfehlungen erhöhen. Diese Bemessungsgrundlage würde damit die idealtypische Beratung fördern.

In vielen Agenturen dürften als Bemessungsgrundlage zur Wirtschaftlichkeitsbewertung einer Einheit in der Regel die b) *Umsätze aller generierten Berater- und Umsetzungsdienstleistungen* hinzugezogen werden. Dies erhöht das Risiko einer verkaufsorientierten Beratung, die im idealtypischen Sinne keine Beratung mehr ist und die kurzfristig den Umsatz zu erhöhen versucht, indem neue Beratungsangebote bzw. von der Agentur zu realisierende Umsetzungsdienstleistungen verkauft werden. Die Bewertung von Maßnahmen-Optionen hängt hier mitunter auch davon ab, ob die Agentur über die entsprechende Expertise verfügt und eine Maßnahme selbst durchführen kann. So könnte der Besitz eines Trucks in der Agentur dazu beitragen, dass vielen Kunden zwecks Auslastung eine Roadshow empfohlen wird.

Strategien zur Sicherung eines autonomen Beratersystems
Da die wirtschaftlichen Erwägungen in Agenturen für Klienten in der Regel nicht transparent sind, Klienten genau diese aber unterstellen, dürften sie das Verhältnis zwischen Beratern und Klienten vielfach belasten. Nicht zuletzt aus diesem Grund spielt Vertrauen in die Berater eine so große Rolle (Löhn und Röttger 2009). Dieser strukturelle Konflikt steht im Mittelpunkt der Agenturtheorie, in

der der Kunde (Prinzipal) gegen Vergütung Aufgaben an die Agentur (Agent) delegiert. Dabei versuchen beide Seiten, nicht vertraglich geregelte Handlungsspielräume auszunutzen. Der Kunde kann u. a. durch Kontroll- und Anreizsysteme die Agentur steuern, um das daraus resultierende Delegationsrisiko zu senken (Fuhrberg 2010). Diese Überlegungen können systemtheoretisch übersetzt und auf das Beratungsfeld angewendet werden. Daraus folgt die Frage, wie die Autonomie des Beratersystems gesichert werden kann. Es überrascht nicht, dass dies der Agenturleitung leichter fallen würde – sie aber zugleich die größte Bedrohung für die Autonomie darstellt.

Die Agenturleitung könnte die Autonomie der Beratersysteme grundsätzlich stärken, indem sie als Bemessungsgrundlage für die Wirtschaftlichkeitsbewertung nur Beratungsdienstleistungen nimmt. Zusätzlich kann die Autonomie dadurch gestärkt werden, indem sie die Beratungsqualität bei hinreichender, nicht bei maximaler Profitabilität durch Karrierechancen gratifiziert. Die Beratungsqualität könnte dabei durch Kundenbefragungen erhoben werden.

Klienten können im Wesentlichen nur sehr indirekt die Autonomie des Beratersystems stärken. Vor allem können sie die Beratung und eine entsprechende Beratungsqualität explizit als beauftragte Dienstleistung definieren, sie so vergüten, dass Beratung wirtschaftlich auch leistbar ist und eine entsprechend gute oder unbefriedigende Beratungsqualität an die Agenturleitung melden.

Schließlich bleibt Klienten noch eine direkte Möglichkeit, die Autonomie des Beratersystems vor einer verkaufsorientierten Beratung zu schützen: die strikte Trennung zwischen einer Beratungsagentur und einer Umsetzungsagentur, bei der Beratung – wenn überhaupt – auf rein umsetzungsorientierte Beratung beschränkt ist. Damit würde das Risiko des Cross Sellings ebenso vermieden wie eine umsatzorientierte Beratung. Allerdings würde auch hier ein Restrisiko darin bestehen, dass ein Berater den Auftrag nicht verlieren möchte und sich in der Beratung an den beobachteten Erwartungen orientiert. Eine solche Lösung wird häufig mit höheren Kosten, immer aber mit einem höheren zeitlichen Aufwand durch zusätzliche Koordination verbunden sein.

Das Fazit zum Schutz einer autonomen Beratung ist ernüchternd. Eine Brandschutzmauer gegenüber einer verkaufsorientierten Beratung ist theoretisch zwar möglich. Aber wie wahrscheinlich ist ihre Realisierung? Denn nur wenige Agenturen dürften ein Interesse daran haben, die strategische Beratung als „Trojanisches Pferd" für den Verkauf von Umsetzungsdienstleistungen zu verlieren. Zudem löst keine der vorgeschlagenen Optionen das Problem der großen Nähe des beobachtenden Umsetzungsberaters zum handelnden Umsetzer. Der einzige – eher theoretische – Ausweg bestünde hier darin, eine reine Beratungsagentur zu verpflichten, welche die Umsetzungsdienstleistungen bewertet.

6.3.2   Sicherung eines autonomen Klientensystems

Die Beratung hat zur Klientenorganisation ein höchst ambivalentes Verhältnis. Einerseits sind die zu treffenden Entscheidungen als Thema der Beratung immer Entscheidungen der Klientenorganisation. Die organisationalen Verhältnisse und die Beziehungen der Organisation zu ihren Umwelten sind damit der Bezugspunkt jeder Beratung. Andererseits sind Klienten ‚Gefangene‘ ihrer Organisation. Der damit verbundene blinde Fleck und die Beobachtungslatenzen sind die Gründe, warum sie externe Berater beauftragen. Sie sind zugleich die Risiken, welche die Autonomie des Klientensystems in besonderer Weise gefährden:

> Der Kontext des Ratsuchenden gibt diesem die Probleme und oftmals bestimmte Alternativen der Problemlösung vor. […] Die Vorstellungen und Erwartungen sind in der Regel einseitig codiert, linear und kurzfristig angelegt. Der Ratsuchende erwartet lösungsorientierte Instruktionen (empirisch), Beratung verspricht dagegen problemorientierte Reflexion (idealtypisch). Nicht selten erwartet der Ratsuchende vom Berater indirekt eine Bestätigung seiner kontextspezifischen Problemwahrnehmung und der daran hängenden Lösungsvorstellungen (Steiner 2009, S. 121).

Das Problem ist, dass gerade solche Organisationen, deren Vorstellungen und Erwartungen in besonderer Weise einseitig codiert, linear und kurzfristig angelegt sind, weniger Risiken wahrnehmen und damit seltener Beratung nachfragen. Daraus folgt: Selbst wenn sich eine solche Organisation zu einer Beratung entschließen sollte, besteht das Risiko, dass sie schnell beendet wird – entweder weil der Berater sich den Erwartungen fügt und eine naheliegende Lösung vorschlägt oder weil die Organisation den Beratungsprozess enttäuscht abbricht. Umgekehrt heißt dies, dass mutmaßlich solche Organisationen, die in besonderer Art und Weise reflektieren und daher tendenziell auch häufiger Beratung nachfragen, eher bereit sind, sich von den organisationalen Zwängen zumindest während der Beratung zu distanzieren und sie infrage zu stellen.

Eine konstituierende Aufgabe zu Beginn der Beratung ist es damit, mit einem entsprechenden Setting des Klientensystems Beratung überhaupt erst zu ermöglichen. Der Berater kann hierzu lediglich Vorschläge machen und im Falle des Scheiterns den Auftrag ablehnen. Wie kann also die Autonomie des Klientensystems geschützt werden? Die Überlegungen hierzu konkretisieren die Erläuterungen zur Orientierungsphase (Abschn. 3.1).

In der *Zeitdimension* kann dem Risiko der Kurzfristigkeit begegnet werden, indem die zu treffende Entscheidung bewusst ausgesetzt wird. Aus diesem Grund ist dem Aussetzen einer Entscheidung bzw. dem Aufschub in der

Beratungsliteratur eine so zentrale Rolle zugewiesen worden (Fuchs 2010, S. 102). Gerade Organisationen, die zu schnellen, leicht umsetzbaren und naheliegenden Entscheidungen neigen, sollten dieses Aussetzen bzw. den Aufschub bewusst entscheiden und sich genügend Zeit nehmen. In der *Sachdimension* ist bei aller Entscheidungsbezogenheit eine thematische Offenheit festzulegen – als Ermunterung für offene Diskussionen sowohl von Berater- als auch von Klientenseite.

In der *Sozialdimension* beeinflusst die Zusammensetzung des Klientensystems deren Autonomie. Was für die Beraterseite die Verkaufsorientierung und die fehlende Distanz zwischen Beratern und Umsetzern ist, ist auf der Klientenseite die Neigung zu naheliegenden und praktikablen sowie die Angst vor revolutionären Lösungen. Denn solche Lösungen müssen Klienten anschließend in der Organisation durchsetzen. Beratung scheitert damit nicht nur an allzu vertriebsorientierten Beratern, sondern auch an schwachen und ängstlichen Klienten. Schwache und ängstliche Klienten haben kein Interesse an einem kritischen Hinterfragen der Aufgabenstellung durch Berater, da sie nur für die ursprüngliche Aufgabenstellung ein Mandat haben – und wenig Lust an innerorganisationalen Auseinandersetzungen verspüren. Hier wird deutlich, dass jede Klientenorganisation die Beratung bekommt, die sie verdient hat. Eine hierarchisch geprägte Organisation, die aufwendige Verbesserungsvorschläge, Widersprüche und interne Kritik nicht gratifiziert, wird auch Klientensysteme hervorbringen, die von ihren Beratern keine aufwendigen Verbesserungsvorschläge, Widersprüche und Kritik hören wollen. Beratungsoffenheit fängt nicht im Klientensystem an, sondern sie endet dort. Eine Organisation, die Widerspruch und Kritik nicht erträgt, geschweige denn zu grundlegenderen Veränderungen bereit ist, sollte sich auch eine Beratung sparen und sofort exekutierende Umsetzer engagieren.

Gleichwohl kann auch in beratungsoffenen Organisationen eine ungünstige Zusammensetzung des Klientensystems die Beratung gefährden. Daher ist zu prüfen, inwieweit der Einbezug höherrangiger Organisationsmitglieder sinnvoll ist, um Änderungen der Organisationspolitik frühzeitig diskutieren zu können. Auch der Einbezug von Organisationsmitgliedern aus anderen Teilen der Organisation kann sinnvoll sein, um in das Klientensystem unterschiedliche Perspektiven einzubringen. Und wenn Beratung insbesondere durch das Öffnen der Kontingenz immer auch mit einer Zumutung verbunden ist, die es auszuhalten gilt, sind zumindest einige beratungserfahrene Mitglieder des Klientensystems hilfreich. Nicht zuletzt dies ermöglicht die Chance, dass schließlich nicht der ‚bequemste' Berater mit der größten Nähe ausgesucht wird.

6.4   Die Blindheit der Kommunikationsberater

6.4.1   Blinde Flecken und Tabus der Kommunikationsberater

Berater beobachten als Beobachter zweiter Ordnung die Beobachtungen erster Ordnung der Klienten und können damit deren blinde Flecken und Beobachtungslatenzen sichtbar machen. Sie sehen damit etwas, was ihre Klienten nicht sehen. Als Beobachter haben sie jedoch ihre eigenen blinden Flecken und Beobachtungslatenzen. Wie ihre Klienten ignorieren sie vieles, um anderes umso genauer beobachten zu können. Und wie ihre Klienten haben sie Tabus und Geheimnisse, die sie zu schützen versuchen. Ein Klient wendet sich an Berater, um sich zu seinen Beobachtungs- und Kommunikationslatenzen sowie zum Umgang mit ihnen beraten zu lassen. An wen aber wenden sich Berater mit diesen Problemen? Wie gehen sie mit dem Nicht-Sehen-Können und Nicht-Reden-Wollen in der Beratung um? Und: Wie reagieren Klienten, wenn sie merken, was der Berater nicht sieht oder nicht weiß?

Die fehlende Distanz zur Umsetzung und die Verkaufsorientierung von Beratern
Zwei Latenzen sind bereits in den zurückliegenden Kapiteln ausführlich erläutert worden: Während die fehlende Distanz zur Umsetzung in der Umsetzungsberatung ein blinder Fleck ist, ist die Verkaufsorientierung von Beratern vor allem ein Tabu in der Interaktion mit Klienten. Die Verkaufsorientierung werden sowohl Berater als auch Klienten thematisieren, wenn sie unter sich sind. Klienten werden z. B. die Empfehlungen des Beraters intern dahin gehend prüfen, inwieweit dahinter wirtschaftliche Erwägungen der Berater stehen könnten. Gleichwohl haben nicht nur Berater, sondern auch Klienten ein Interesse daran, das Tabu in Klienten-Berater-Gesprächen zu schützen. Ein Brechen des Tabus würde „Strukturen zerstören bzw. erhebliche Umstrukturierungen auslösen" (Luhmann 1996, S. 459). Konkret: Ein Klient, der dem Beratersystem offen eine verkaufsorientierte Beratung unterstellt, spricht ihm damit sein Misstrauen aus. Wie ist in einer solchen Situation noch eine Fortsetzung der Beratung denkbar? Klienten werden daher in der Regel bemüht sein, ihre Beobachtung bzw. ihre Drohung vorsichtig und gesichtswahrend mitzuteilen – wenn sie denn noch an einer weiteren Zusammenarbeit interessiert sind. Dies zeigt im Übrigen auch, warum ‚Zwangssehen' von Klienten und Beratern wenig Erfolg versprechend sind. Dazu zählen z. B. Berater, die einem Klientensystem von der Organisationsleitung aufgezwungen wurden. Beratungsoffenheit setzt den Wunsch nach Beratung im Allgemeinen und nach einem ‚passenden' Berater im Besonderen voraus.

Änderung der Unternehmenspolitik als Option

Eine andere grundsätzliche Frage in der Beratung ist wahlweise ein blinder Fleck oder ein Tabu. Wenn strategische Kommunikation darauf zielt, mittels Kommunikationsmaßnahmen Wissen, Einstellungen und Handlungen von Bezugsgruppen zu verändern, steht dabei traditionell die Frage im Mittelpunkt, mit welchen Kommunikationsmaßnahmen diese Ziele am besten zu erreichen sind. So lauten in der Regel die Aufgabenstellungen in der Beratung und darin besteht auch die zentrale Fachexpertise von Kommunikationsberatern. Mitunter ist der Protest einer Bürgerinitiative aber weniger mit einer Kommunikationskampagne zu befrieden als vielmehr durch eine Änderung der Unternehmenspolitik (Hoffjann 2009). Und noch allgemeiner: Wenn *Reden* in Form von Kampagnen nicht weiterhilft, bietet sich *Handeln* an – im Absatz in Form verbesserter Produkte oder im Personalmarketing in Form höherer Gehälter (Hoffjann 2015). Die Frage ist, inwieweit Kommunikationsberater das Problem mit einer solchen Unterscheidung beobachten *können* – was z. B. im Falle zu verbessernder Produkte für einen Marketingberater eine Selbstverständlichkeit wäre. Hier zeigt sich, dass sich die Kompetenz von Beratern auch darin zeigt, ein Problem aus möglichst vielen Perspektiven bzw. mit möglichst vielen Unterscheidungen zu beobachten.

Zugleich kann die Option des Handelns ein Tabu oder ein Geheimnis sein. Sie ist ein Tabu, wenn zwischen Berater und Klient ein unausgesprochener Konsens dazu besteht, dass das Produkt ‚Mist' ist – man daran aber momentan nichts ändern kann. Sie ist ein Geheimnis, wenn der Berater die Option des Handelns dem Klienten bewusst verschweigt, um den Beratungsauftrag zur Kommunikationskampagne nicht zu gefährden.

Instrumente-Expertise

Dieses Problem zeigt sich in vergleichbarer Form bei der Instrumente-Expertise von Beratern. Dazu ein Beispiel: Berater einer klassischen Werbeagentur könnten von einem Klienten genau wegen dieser Expertise mit der Konzeption und der anschließenden Umsetzung einer Werbekampagne engagiert worden sein. Ihr möglicher blinder Fleck besteht darin, die Sinnhaftigkeit einer klassischen Werbekampagne zu hinterfragen – auch wenn ein anderes Instrument wie Verkaufsförderungsmaßnahmen am Point of Sale vielleicht geeigneter wäre. Erneut kann dies auch ein Geheimnis sein, wenn der Werbeberater dies bewusst verschweigt, um den Beratungs- und Umsetzungsauftrag nicht zu gefährden. In diesen Fällen sucht ein Berater bewusst oder unbewusst nach Problemen, die zu vorhandenen Lösungen bzw. zur vorhandenen Kompetenz passen (von Ameln et al. 2009, S. 46).

Weil die hier genannten Themen zwischen Beobachtungs- und Kommunikationslatenz changieren, Kommunikationsberatern also zumindest teilweise bekannt sein dürften, dürften sich Anstrengungen zu ihrer Überwindung – also Lernen – in Grenzen halten.

Das Wissen der Kommunikationsberater

Eine Vielzahl blinder Flecken und Beobachtungslatenzen basieren auf dem (Nicht-)Wissen von Beratern. Dies beginnt bei Vorstellungen über das Funktionieren von Organisationen (von Ameln et al. 2009, S. 25): Wenn ein Berater von Organisationen die Vorstellung eines völlig rational handelnden Akteurs hat, wird er zu ganz anderen Fragen und damit Beobachtungen kommen, als wenn für ihn eine Organisation eine Ansammlung von Menschen, eine ‚Willkür-Organisation' etc. ist. Dies setzt sich fort bei den Wirkungsannahmen strategischer Kommunikation: Berater, die die Steuerungsmöglichkeiten strategischer Kommunikation sehr optimistisch einschätzen, werden zu ganz anderen Analysen und Lösungsoptionen kommen, als Berater, die diese Möglichkeiten sehr viel skeptischer bewerten. Und das setzt sich fort beim Wissen zu gesellschaftlichen Entwicklungen, zu (sozialen) Medien mit ihren Anwendungen, Zielgruppen etc. Hier zeigt sich grundsätzlich, wie wichtig Wissen im Allgemeinen und das wissenschaftliche Wissen im Besonderen z. B. zur Organisationssoziologie oder zu Medienwirkungen für die Beobachtungen von Beratern sein können.

Beratungswissen ist wie jedes Wissen immer kontextabhängig. In der Sachdimension zeigt sich dies in der Kommunikationsberatung daran, inwieweit es für das jeweilige Beratungsthema relevant ist. Hier zeigt sich die Relationalität des Beratungswissens: Einerseits können auch Berater nicht allwissend sein und sie müssen entscheiden, welches Wissen für (künftige) Beratungsprojekte relevant sein könnte. Andererseits ist es aber zur Öffnung der Kontingenz und zur Begründung bei der Schließung von Kontingenz notwendig, ein Thema aus möglichst vielen Perspektiven beleuchten zu können. In der Sozialdimension ist Wissen kontextabhängig, weil sich hier erneut die Paradoxie von Nähe und Distanz zeigt. Ein Kommunikationsberater, der mit ähnlichen Kenntnissen wie sein Kunde das Problem beobachtet, beobachtet mit ähnlichen Unterscheidungen und unterliegt damit auch ähnlichen blinden Flecken und Beobachtungslatenzen. Hier zeigt sich einmal mehr der Wert der Distanz bzw. einer gewissen Fremdheit. Zumal in der Zeitdimension hinzukommt, dass sich das Wissen des Beraters und des Klienten tendenziell anzugleichen drohen, je länger sie zusammenarbeiten.

Wenn die Ähnlichkeit der Wissens- und den damit zusammenhängenden Beobachtungsstrukturen von Klienten und Beratern ein Problem für Beratung darstellt, zeigt sich dies auf einer anderen Ebene noch einmal viel grundsätzlicher: Selbst relativ unterschiedliche Kommunikationsberater und Klienten sind beide Teil der Gesellschaft mit spezifischen Normen und Werten. Beide dürften in der Regel die Medien-, Marketing- und Kommunikationsbranche mehr oder weniger intensiv verfolgen. Daraus folgen ebenfalls vergleichbare Latenzen, die ein Sichtbarmachen von Latenzen erschweren. Denn Beobachtungslatenzen beziehen sich auch auf die Branchenmoden und -trends, die vielfach nicht mehr hinterfragt, sondern als gegeben hingenommen werden. Dies gilt in ähnlicher Weise für Modetrends, die es zu jeder Zeit in jedem Beratungsbereich gibt und die dann zu einer Angleichung von Organisationen führt: „Wenn Firmen mit Strategieberatern arbeiten, die die gleichen Methoden verwenden, woher soll dann der Unterschied zwischen ihnen kommen, der zu überdurchschnittlichen Renditen führt?" (Lechner 2005, S. 409). Dies führt dann dazu, dass vor vielen Jahren jede Kommunikation zunächst integriert, später viral und heute Content-getrieben ist.

6.4.2   Strategien zum Umgang mit blinden Flecken und Tabus der Berater

Das führt zur Frage, wie Berater mit (Nicht-)Wissen umgehen (können). Denn der blinde Fleck betrifft auch fehlendes Wissen: Berater wissen nicht, was sie nicht wissen. (Dass Beratungsorganisationen oft auch nicht wissen, was sie alles wissen, ist ein anderes Problem des Wissensmanagements.) Diese Frage wird in Abschn. 7.2 weiter diskutiert. Ähnlich wie bei der Verkaufsorientierung kann auch Fachwissen des Beraters, dessen Fehlen beide Seiten stillschweigend konstatiert haben und das für den Beratungsauftrag wichtig erscheint, als Tabu behandelt werden, weil eine Thematisierung die Fortführung der Zusammenarbeit erschweren bzw. unmöglich machen könnte.

Ein souveräner Umgang mit fehlendem Wissen ist für Berater Teil des Impression Managements. Zu Detailthemen können sie fehlendes Wissen leichthin zugeben – es stärkt ggf. sogar noch ihre Vertrauenswürdigkeit. Zu oft sollte es ihnen aber nicht passieren. Denn selbst wenn in dem hier vorgestellten Beratungsverständnis Berater keine ‚Alleswisser' sind und die Klientenbeobachtungen eine wichtige Basis für ihre Analysen und Lösungsoptionen sind, stärkt es insbesondere bei Beratungsprojekten mit einem Fokus auf der Kapazitätserweiterungs- oder Wissenstransferfunktion nicht ihre Vertrauenswürdigkeit.

Wie gehen Klienten mit den blinden Flecken bzw. Beobachtungslatenzen der Berater um? Bei der Beobachtung der blinden Flecken bzw. Beobachtungslatenzen der Berater sind Klienten in einer privilegierten Beobachterposition. Denn Klienten sind Beobachter zweiter Ordnung, wenn sie den Berater beobachten (Mohe 2003, S. 293 ff.): „Sie sehen Muster, mit denen Berater unterscheiden und die den Beratern manchmal selbst nicht bewusst sind" (Kühl 2009, S. 133). Ein Klient beobachtet das Beratersystem, es „tastet das Beratersystem permanent auf Anzeichen für (fehlende) Vertrauenswürdigkeit und (mangelnde) Professionalität ab" (von Ameln et al. 2009, S. 15). Da Berater dies wissen bzw. zumindest unterstellen, stellen sie ihr Auftreten und ihre Kommunikation auf die Erwartungen des Klienten ab und betreiben das Impression Management (von Ameln et al. 2009, S. 15).

Mit den Beobachtungen zweiter Ordnung bewerten Klienten ihre (potenziellen) Berater vor oder während der Zusammenarbeit. Dazu können u. a. zirkuläre Fragen genutzt werden, um etwas über Interpretationsmuster und innere Landkarten zu erfahren. Zirkuläre Fragen zielen auf das Nachdenken, Beschreiben, Reflektieren, Relativieren, Vergleichen oder Überdenken. Dazu zählen hypothetische Fragen, Fragen nach Beziehungen oder nach Alternativen (Mohe 2003, S. 305 f.). Und prägnanter mit Blick auf das hier vertretene Beratungsverständnis: „Fragt Eure Berater, was ihr tun sollt. Geben sie Euch eine definitive Antwort, feuert sie! Kein Berater weiß – außer in sehr, sehr technisierten Bereichen, was jemand in seinem Kontext machen sollte" (March 2001, S. 33).

Jeder Klient wird Berater während des Auswahlverfahrens und zu Beginn des Beratungsprozesses beobachten. Was aber ist der Nutzen dieser Klientenbeobachtung zweiter Ordnung jenseits des ‚Hire and Fire'? Mit diesen klientenseitigen Beobachtungen zweiter Ordnung (Abb. 6.2) bewerten und prüfen Klienten die Beobachtungen und damit die Arbeit der Berater. Dies mag mit Blick auf die künftige Zusammenarbeit mit dem Berater und für die Auswahl künftiger Berater hilfreich sein. Aber im aktuellen Beratungsprozess hemmen solche Beobachtungen eher den Beratungserfolg. Denn sie lenken die Aufmerksamkeit von der Beschäftigung mit den eigenen Problemen hin zu ganz anderen Themen. Wer sich mit dem selbstverliebten Auftreten eines Beraters beschäftigt,

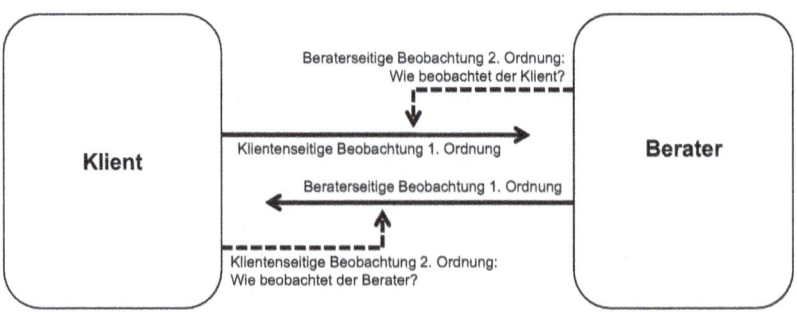

Abb. 6.2 Beobachtungsräume in der Klient-Berater-Interaktion. (Mohe 2003, S. 308)

kann sich nicht mit der Lösung der eigenen Probleme auseinandersetzen. Mit anderen Worten: Wer laufend die Kompetenz und Aufrichtigkeit der Berater hinterfragt, macht nichts anderes, als ein Risiko wahrzunehmen. Die Komplexitäts-Beratungs-Spirale hat gezeigt, dass die logische Konsequenz davon weitere Beratung durch einen anderen Kommunikationsberater oder durch einen Meta-Berater wäre usw. usf. Ein Klient agiert daher durchaus *aufgeklärt,* wenn er sich während des Beratungsprozesses gegenüber seinem Berater *naiv* verhält.

Wie können Berater mit den Beobachtungs- und Kommunikationslatenzen umgehen? Beobachtungslatenzen können wie in jeder Organisation mit den Praktiken des organisationalen Lernens sichtbar gemacht werden. Die Meta-Beratung ist hier nur eine von vielen Möglichkeiten. Sie hilft vor allem zu Beratungsmethoden oder zur Klient-Berater-Interaktion weiter. Der Umgang mit Tabus bzw. Geheimnissen führt hingegen vor allem zur Frage des Beratungsverständnisses bzw. zur Rolle der Beratung innerhalb einer Agentur.

Literatur

Ameln, F. von, J. Kramer, und H. Stark. 2009. *Organisationsberatung beobachtet. Hidden Agendas und Blinde Flecke.* Wiesbaden: VS Verlag.

Baecker, D. 2003. *Organisation und Management.* Frankfurt a. M.: Suhrkamp.

De Vries, M. 1995. „Up or Out" in Partnerships: Karriere-und Organisationsprinzipien als Strukturen zur Selbsterhaltung von Beratungsgesellschaften. *Soziale Systeme* 1 (1): 119–128.

Ernst, B. 2010. Die Evaluation von Beratungsdienstleistungen – Realität oder Utopie? In *Organisation und Intervention. Ansätze für eine sozialwissenschaftliche Fundierung von Organisationsberatung,* Hrsg. S. Kühl und M. Moldaschl, 115–131. München: Hampp.

Femers, S. 2002. Berater und Klienten. Die Inszenierung destruktiver Beziehungen. In *Drama Beratung! Consulting oder Consultainment?,* Hrsg. A. Güttler und J. Klewes, 41–54. Frankfurt: Frankfurter Allgemeine Buch.

Fuchs, P. 2010. *Diabolische Perspektiven: Vorlesungen zu Ethik und Beratung.* Münster: LIT.

Fuhrberg, R. 2010. *PR-Beratung: Qualitative Analyse der Zusammenarbeit zwischen PR-Agenturen und Kunden.* Konstanz: UVK.

Gesamtverband der Kommunikationsagenturen. 2010. Wie kommen Werbungtreibende Unternehmen zu ihren Agenturen? http://www.gwa.de/cms/diskfiles/download/25/0e51c330c8d241f7108532d8baf12ba9/Studie_Werbungtreibende.pdf. Zugegriffen: 12. Jan. 2017

Hoffjann, O. 2009. Public Relations als Differenzmanagement von externer Kontextsteuerung und interner Selbststeuerung. *Medien & Kommunikationswissenschaft* 57 (3): 299–315.

Hoffjann, O. 2015. *Public relations.* Konstanz: UVK.

Hoffjann, O. und U. Röttger. 2009. Wissensmanagement in PR-Agenturen. In *PR-Beratung. Theoretische Konzepte und empirische Befunde*, Hrsg. U. Röttger und S. Zielmann, 125–147. Wiesbaden: VS-Verlag.

Hoffmann, J., A. Steiner, und O. Jarren. 2007. *Politische Kommunikation als Dienstleistung. Public-Affairs-Berater in der Schweiz*. Konstanz: UVK.

Klewes, J., und T. Schucht. 2002. Müssen Berater arrogant sein? Fakten und Thesen zur Beratung. *PR-Magazin* 8:45–52.

Königswieser, R., und M. Hillebrand. 2015. *Einführung in die systemische Organisationsberatung*, 8. Aufl. Heidelberg: Carl-Auer.

Kühl, S. 2009. Zum Verhältnis von Beobachtungs- und Kommunikationslatenzen in Beratungsprozessen. In *Organisationsberatung beobachtet. Hidden Agendas und Blinde Flecke*, Hrsg. F. von Ameln, J. Kramer, und H. Stark, 128–138. Wiesbaden: VS-Verlag.

Lechner, C. 2005. Kommentar: Strategieberatung im Umbruch? In *Grenzen der Strategieberatung – Eine Gegenüberstellung der Perspektiven von Wissenschaft, Beratung und Klienten*, Hrsg. D. Seidl, W. Kirsch, und M. Linder, 407–410. Bern: Haupt.

Leciejewski, K. 1996. *Guter Rat von Beratern. Handbuch für die erfolgreiche Zusammenarbeit mit Consultants, Personalberatern und PR-Agenturen*. Frankfurt a. M.: Campus.

Löhn, S. und U. Röttger. 2009. Vertrauen in die Vertrauensspezialisten. Theoretische Konzeption und empirische Analyse von Vertrauen in der PR-Beratung. In *PR-Beratung. Theoretische Konzepte und empirische Befunde*, Hrsg. U. Röttger und S. Zielmann, 105–124. Wiesbaden: VS-Verlag.

Luhmann, N. 1996. *Soziale Systeme. Grundriss einer allgemeinen Theorie*. Frankfurt a. M.: Suhrkamp.

March, J. G. 2001. „Wenn Organisationen wirklich intelligent werden wollen, müssen sie lernen, sich Torheiten zu leisten!" In *Zirkuläre Positionen 3: Organisation, Management und Beratung*, Hrsg. T.M. Bardmann und T. Groth, 21–33. Wiesbaden: Westdeutscher Verlag.

Mohe, M. 2003. *Klientenprofessionalisierung. Strategien und Perspektiven eines professionellen Umgangs mit Unternehmensberatung*. Marburg: Metropolis-Verlag.

Moldaschl, M. 2015. Reflexive Beratung – Ein Geschäftsmodell. In *Innovative Beratungskonzepte. Ansätze, Fallbeispiele, Reflexionen*, Hrsg. M. Mohe, 43–68. Wiesbaden: Springer VS.

Röttger, U., J. Hoffmann, und O. Jarren. 2003. *Public Relations in der Schweiz. Eine empirische Studie zum Berufsfeld Öffentlichkeitsarbeit*. Konstanz: UVK.

Seidl, D., und D. van Aaken. 2007. Praxistheorie vs. Systemtheorie: Alternative Perspektiven der Beratungsforschung. Arbeit. *Zeitschrift für Arbeitsforschung, Arbeitsgestaltung und Arbeitspolitik* 16 (3): 177–190.

Simon, F.B. 2014. *Einführung in die (System-) Theorie der Beratung*. Heidelberg: Carl-Auer.

Simon, F.B., und C. Rech-Simon. 2016. *Zirkuläres Fragen. Systemische Therapie in Fallbeispielen: Ein Lernbuch*. Heidelberg: Carl-Auer.

Steiner, A. 2009. *System Beratung. Politikberater zwischen Anspruch und Realität*. Bielefeld: Transcript.

Watzlawick, P., J.H. Weakland, und R. Fisch. 1979. *Lösungen. Zur Theorie und Praxis menschlichen Wandels*, 2. Aufl. Berlin: Huber.

Wehrsig, C. und V. Tacke. 1992. Funktionen und Folgen informatisierter Organisationen. In *ArBYTE. Modernisierung der Industriesoziologie*, Hrsg. T. Malsch und U. Mill, 219–239. Berlin: Edition Sigma.

Zech, R. 2013. *Organisation, Individuum, Beratung. Systemtheoretische Reflexionen*. Göttingen: Vandenhoeck & Ruprecht.

Zerfass, A., D. Verčič, P. Verhoeven, A. Moreno, und R. Tench. 2015. European communication monitor 2015. Creating communication value through listening, messaging and measurement. Results of a survey in 41 countries. Brussels: EACD – European Association of Communication Directors.

Zimmermann, K.A. 2002. Abzocker und Abgezockte. Die dunkle Seite der Beratung. In *Drama Beratung! Consulting oder Consultainment?*, Hrsg. A. Güttler und J. Klewes, 55–64. Frankfurt: Frankfurter Allgemeine Buch.

Lernende Kommunikationsberater

7

Zusammenfassung

Kommunikationsberater haben ein ambivalentes Verhältnis zum Wandel. Einerseits sind sie Getriebene, weil sie Klienten wohl nicht zu Unrecht unterstellen, dass diese von ihnen erwarten, dass sie für das Beratungsprojekt wichtige aktuelle Entwicklungen kennen. Andererseits sind sie Treiber des Wandels, weil für ihr Geschäftsmodell nichts schlimmer wäre als wahrgenommener Stillstand. Deshalb nehmen Berater eine wichtige Rolle bei Diffusionsprozessen ein – nicht zuletzt deshalb ist das eigene Lernen für Kommunikationsberater so wichtig. Dies zeigt sich in der Sachdimension, in der es vor allem darum geht, dass Kommunikationsberater in ihrem Beratungsfeld ihren Klienten inhaltlich einen Schritt voraus sind. Die Relevanz der Paradoxie von Nähe vs. Distanz zeigt, dass Lernen noch in einem anderen Kontext wichtig ist: Kommunikationsberater stehen vor der Herausforderung, sich durch geeignete Strategien vor einer Ansteckung bzw. Eingemeindung zu schützen, um die notwendige Distanz zum Klienten zu wahren.

Kommunikationsberatung ist eine Möglichkeit, wie Organisationen ihr eigenes Lernen unterstützen können. Denn Kommunikationsberater sorgen für eine Abweichungsverstärkung, die für das Lernen notwendig ist (Baecker 2003, S. 182): Berater weisen deutlich auf beobachtete Probleme hin, die den Klienten mitunter nicht neu sein mögen, die sie aber in der Vergangenheit vielleicht verklärt oder verharmlost haben. Dies führt zur Frage, wie Kommunikationsberater bzw. Agenturen selbst mit ihren eigenen blinden Flecken umgehen und ihr Lernen organisieren.

© Springer Fachmedien Wiesbaden GmbH, ein Teil von Springer Nature 2018
O. Hoffjann, *Kommunikationsberatung,*
https://doi.org/10.1007/978-3-658-22665-7_7

Wie wichtig Lernen in der Kommunikationsberatung zu sein scheint, zeigt sich an der Relevanz des Wandels in der Beratungsbranche, die man auch schon als „Vergötterung des Wandels" (Kühl 2000, S. 173) bezeichnen kann. Wenig wäre für Agenturen geschäftsschädigender als ausbleibender gesellschaftlicher Wandel – oder vielmehr: die Unterstellung eines ausbleibenden gesellschaftlichen Wandels. Daher beschäftigen Metaprozesse (Krotz 2007) wie die Globalisierung, Individualisierung, Medialisierung oder Digitalisierung seit jeher die Kommunikationsberatung. Bei vielen Klienten haben sie zu der Unsicherheit geführt, die Auslöser für das Engagement eines Kommunikationsberaters war. In Agenturen wiederum sind diese Entwicklungen vielfach der Anlass für neue Lernstrukturen. Das Verhältnis von Kommunikationsberatern zum Wandel ist damit ein vielschichtiges.

Gesellschaftlicher Wandel ist nichts, was auf Organisationen ungefiltert einwirkt und was diese ohnmächtig aufgreifen. Vielmehr sind Veränderungen in Organisationen das Ergebnis von teilweise langen Sinnzuschreibungsprozessen (Weick 1995). Voraussetzung für organisationalen Wandel ist damit, dass sich Organisationen überhaupt für ihre Umwelt interessieren und sie beobachten. Anschließend ist die Frage, wie Organisationen ihre Umwelt beobachten und interpretieren. Steigende Komplexität führt zu deutlich „mehr Sinnzumutungen" (Baecker 2007, S. 39), die bewältigt werden und für die passende Bearbeitungsmuster erst noch entwickelt werden müssen. Auch hier kommen wieder blinde Flecken bzw. Beobachtungslatenzen ins Spiel.

Gesellschaftlicher Wandel ist damit – wie könnte es anders sein – ein Produkt der Gesellschaft, also sozialen Handelns. Damit wird deutlich, dass Kommunikationsberater ein ambivalentes Verhältnis zum Wandel haben, das man analytisch wie folgt beschreiben kann.

Kommunikationsberater sind Getriebene des Wandels
Kommunikationsberater sind Getriebene des Wandels, weil sie Klienten wohl nicht zu Unrecht unterstellen, dass diese von ihnen erwarten, dass sie für das Beratungsprojekt wichtige aktuelle Entwicklungen kennen. Ein Berater, der sagen würde, es gäbe keine relevanten Entwicklungen und Veränderungen, würde bei Klienten ebenso Misstrauen hervorrufen wie ein Berater, der zugibt, dass es zwar wichtige Veränderungen gebe, sie aber selbst nicht verstünde. Dies führt dazu, dass Kommunikationsberater bzw. Agenturen sich permanent der Erwartung ausgesetzt sehen, neue Entwicklungen oder Medien zu kennen und Lösungen für sie entwickeln zu können. Da dies angesichts der zahlreichen (behaupteten) Veränderungen unmöglich ist, wird hier vielfach Impression Management betrieben: Mal werden einschlägige ‚Buzzwords' verwendet, um Expertise vorzugaukeln. Mal werden Entwicklungen kurzum für unwichtig erklärt, um damit fehlendes Detailwissen zu rechtfertigen.

Kommunikationsberater sind Treiber des Wandels

Kommunikationsberater sind auf der anderen Seite Treiber des Wandels, weil für ihr Geschäftsmodell nichts schlimmer wäre als wahrgenommener Stillstand. Der Antrieb der Kommunikationsberater ist hier ein doppelter: Auf einer Makroebene schafft wahrgenommener Wandel erst die Nachfrage nach Kommunikationsberatung. Der Wandel ist damit für Kommunikationsberater eine stetige Quelle neuer Beratungsmandate. Auf einer Mikroebene grenzen sich Kommunikationsberater von der Konkurrenz ab, indem sie sich zum Erfinder bzw. mindestens zum Experten des Neuen erklären. Solche Innovationen werden einerseits bei Kunden implementiert, andererseits wird über ihre Notwendigkeit und Effektivität in Artikeln in Branchenzeitschriften, Seminaren und bei Kongressen berichtet (Fink und Knoblach 2007, S. 90). Damit wird deutlich, dass Berater eine wichtige Rolle bei Diffusionsprozessen einnehmen: Die „kommunikative Rekonfiguration von Problemen – das Framing – und deren kommunikative Darstellung ist die Kernkompetenz der Kommunikationsberatung" (Sandhu 2009, S. 159). Daher wird die Bedeutung der Organisationsberatung mitunter auch darin gesehen, dass sie „Moden & Mythen des Organisierens" (Kieser 1996) bereitstelle. Berater sind hier Modemacher, die dazu beitragen, dass neue Leitbilder und neue Prinzipien aufgegriffen werden: Sie sind damit „nicht nur operative Problemlöser, sie sind zugleich auch konzeptionelle Wegbereiter neuer Managementideologien" (Fink und Knoblach 2007, S. 89). Lösungskonzepte haben den Status einer Mode bzw. eines Hypes: Erst sind sie unwichtig, dann sind sie Nischenthema und für Innovatoren relevant und gewinnen an Relevanz, bis ihre Verbreitung schließlich nachlässt und eine neue Modewelle aufkommt (Sandhu 2009, S. 159; ausführlich Fink und Knoblach 2007). Von erfolgreich behaupteten Veränderungen und neuen Lösungen der Innovatoren profitieren aber selbst Nachzügler, weil die geschaffene Unsicherheit bei Kunden auch ihnen zu Beratungsprojekten verhilft.

Wandel ist damit selbst zu einer Institution – nicht nur – in der Kommunikationsberatung geworden: Die Rede vom stetigen Wandel, von dem jeder (Sozialdimension) in jeder gesellschaftlichen Sphäre (Sachdimension) immer schneller (Zeitdimension) betroffen ist, ist eine heute kaum mehr hinterfragte Annahme.

Organisationales Lernen in Agenturen

Organisationales Lernen kann wie folgt verstanden werden: „Organizational learning occurs when members of the organization act as learning agents for the organization by detecting and correcting errors in organizational theory-in-use, and embedding the result of their enquiry in private images and shared maps of organization." (Argyris und Schön 1978, S. 29). In diesem Sinne soll im Folgenden organisationales Lernen als ein bewusst angestoßener Prozess verstanden werden, in dem Organisationen bisherige Strukturen (z. B. Wissen, geltende Routinen und

Standards) infrage stellen und verändern. Externe Beratung ist eine Möglichkeit, organisationales Lernen zu fördern. Da Kommunikationsberatung im Konkreten und Kommunikationsagenturen im Allgemeinen als Organisationen wie ihre Klienten vor Fragen des Lernens stehen, sollte man erwarten, dass Berater aufgeklärt und reflektiert mit ihrem eigenen organisationalen Wandel umgehen. Denn wie sollen Kommunikationsberater Klienten zu Veränderungen speziell in Medien oder allgemein in der Gesellschaft und den damit verbundenen Folgen für Fragen strategischer Kommunikation beraten, wenn sie selbst naiv und unstrukturiert mit Veränderungen umgehen? Hier geht es weniger um die Frage, ob der Schuster die schlechtesten Schuhe oder Kommunikationsagenturen einen langweiligen Kommunikationsauftritt haben – für das Herstellen von Schuhen und die Beratung zu Kommunikationsfragen ist beides letztlich irrelevant. Es geht vielmehr darum, wie Kommunikationsberater mit ihren eigenen blinden Flecken und Beobachtungslatenzen umgehen, wie sie in Abschn. 6.4 herausgearbeitet wurden.

So vielfältig Organisationen und Agenturen sind, so vielfältig sind Lernstrukturen bzw. Lernthemen. Bei einem Pharmahersteller reichen sie von der Ausgestaltung der Forschung & Entwicklung über Optimierungsverfahren in der Produktion bis hin zum Qualitätsmanagement. Im Folgenden sollen generelle Managementfragen, die ohne Zweifel auch Agenturen und damit Kommunikationsberater betreffen, außen vor bleiben und stattdessen der Fokus auf die Besonderheiten der Kommunikationsberater gelegt werden. Dabei können insbesondere zwei Dimensionen unterschieden werden, die in den beiden folgenden Kapiteln ausführlich erläutert werden:

- In der *Sozialdimension* geht es vor allem darum, dass Berater bewusst dem Risiko der Eingemeindung begegnen. In Abschn. 7.1 werden dazu Strategien diskutiert, wie Berater fremd bleiben können und sich vor Ansteckung schützen können. Dies dürfte insbesondere für die Objektivierungs- und Innovationsfunktion von großer Relevanz sein.
- In der *Sachdimension* geht es vor allem darum, dass Kommunikationsberater ein inhaltlich kompetenter Berater sind. Was sind neue Entwicklungen in den Medien? Welche neuen Kommunikationsmanagementtools gibt es? etc. Hier stellt sich die Frage, wie Kommunikationsberater solche Lernprozesse strukturieren. Dies dürfte insbesondere für die Wissenstransfer- und Kapazitätserweiterungsfunktion von großer Relevanz sein.

Es wird deutlich, dass beide Dimensionen immer relational und damit im Kontext betrachtet werden müssen. Für die Kommunikationsberatung heißt dies, dass z. B. Wissen immer im Kontext einer konkreten Beratungssituation relevant oder irrelevant ist.

7.1 Ziel der Sozialdimension: fremd bleiben

Im Kapitel zur Paradoxie von Nähe und Distanz ist gezeigt worden, wie wichtig eine angemessene Distanz zwischen Beratern und Klienten ist. Dies wird tendenziell umso schwieriger, je länger eine Zusammenarbeit andauert. Berater entwickeln ein zu großes Verständnis für Zwänge der Klienten und beobachten damit die Welt und mögliche Lösungen immer mehr durch die Brille des Klienten. Diese drohende Eingemeindung (Zech 2013) ist letztlich nichts anderes als eine Angleichung der Strukturen zwischen Beratern und Klienten. Die Folge ist, dass etwa 40 % der Agentur-Kunden-Beziehungen nur bis zu drei Jahre andauern (Bruhn 2010, S. 52). Daraus ergibt sich die Frage, wie Distanz gewahrt bleiben kann. Oder kürzer: Wie können Berater und Klienten ein angemessenes Maß an Fremdheit sichern?

Bereits „in der alltäglichen Kommunikation wird die Erfüllung von Erwartungen als normal erlebt, Abweichungen dagegen als anormal. Letztere lösen in der Regel Versuche aus, die Erwartungen zu normalisieren" (Zech 2013, S. 103). Bei einer längeren Zusammenarbeit verstärkt sich dieses Problem: Der Berater kennt den Klienten besser, er versteht Strukturen, er nutzt bewährte Unterscheidungen, um Probleme zu beobachten und Lösungen zu suchen. Wenn aber „etwas nicht mehr überrascht und in diesem Sinne zur Routine wird, dann wird Beratung nur zu dem Wiederentdecken des Eigenen im Fremden" (Zech 2013, S. 103 f.). Für dieses alltägliche Problem jeder Beratung hat Zech das Konzept der *Selbstüberraschung* entwickelt. Konkret zeigt sich Selbstüberraschung darin, „dass man nicht nach dem sucht, was die eigene Perspektive oder Theorie bestätigt, sondern nach dem, was sie widerlegt oder in Frage stellt" (Zech 2013, S. 104).

Die Fähigkeit zur Selbstüberraschung kann gefördert werden, wenn sich Berater durch die Konfrontation mit anderen Perspektiven den eigenen Blickwinkel infrage stellen und andere Unterscheidungen kennenlernen. *Im engen Sinne* profitieren Beratersysteme, die für mehrere Klienten arbeiten: Der Umgang mit mehreren Klienten mit ihren unterschiedlichen Kulturen, Perspektiven und Themen schafft automatisch eine gewisse Distanz zu jedem von ihnen. Dadurch wird umgekehrt die enorme Herausforderung für Berater deutlich, die – wie in der Unternehmensberatung üblich – über Monate hinweg beim Klienten vor Ort arbeiten. *Im weiten Sinne* kann die Konfrontation mit anderen gesellschaftlichen Perspektiven neue Impulse in die Beratung bringen und damit vor einer zu großen Nähe schützen. Denkbar ist hier alles, was die eigenen bewährten Beobachtungsstrukturen infrage stellt: von anderen beruflichen Feldern über verschiedene wissenschaftliche Perspektiven bis hin zur Kunst. Zech hat den Wert fremder Strukturen und Kulturen am Beispiel der Kunst deutlich gemacht: „Der Modus künstlerischen Handelns ist experimentell, grenzüberschreitend, innovativ. KünstlerInnen sind ständig auf der Suche nach Neuem, Unvorhergesehenem, Unerwartetem, Überraschendem, Fremdem; sie sprengen Konventionen, überwinden Vergangenes, nutzen Paradoxien. Diese Form künstlerischen Handelns kann aber auch als Paradigma für jegliches Handeln gelten" (Zech 2014, S. 376).

Und es überrascht nicht, dass Berater hier vor demselben Nähe-Distanz-Problem stehen wie sie selbst zu ihren Klienten: Die Konfrontation mit fremden und irritierenden Perspektiven sollte einerseits Irritationen auslösen und Abweichungen sollten nicht vorschnell normalisiert, sondern im Gegenteil verstärkt werden (Baecker 2003, S. 182). Andererseits besteht immer die Gefahr, dass sie abgestoßen werden, wenn sie als zu fremd wahrgenommen werden.

Zugleich können – entsprechend der Ausprägungen der Nähe-Distanz-Paradoxie – regelmäßige Wechsel im Beraterteam die Distanz fördern. Zudem fördert ein interdisziplinäres Team, dass von Beginn an unterschiedliche Perspektiven vorhanden sind. Wenngleich auch dies in keiner Weise gewährleistet, dass es im Laufe des Beratungsprozesses nicht zu einer Angleichung der Perspektiven und damit zur Ansteckung kommt.

All diese Dinge können von allen drei Systemen angewendet werden. In der Regel dürften Beratersysteme am meisten motiviert sein, in das Fremdbleiben zu investieren, um die Wahrscheinlichkeit einer langen Zusammenarbeit zu erhöhen. Letztlich können aber auch Klienten z. B. bewusst distanziert bleiben, um es Beratern leichter zu machen, unbequem zu sein. Und schließlich können sich auch Berater und Klienten im Beratungssystem gemeinsam solche Irritationen ‚suchen', um sich selbst Überraschungen zu schaffen (Zech 2013, S. 103 f.). Von Beratern erfordert dies ein hohes Maß an Souveränität, weil sie hier zumindest momenthaft ihre privilegierte Position des Beobachters zweiter Ordnung aufgeben und sich der Erwartung ausgesetzt sehen (können), dass sie die geschaffenen Irritationen und die Unordnung schnell wieder in Ordnung des Beratungskontextes überführen.

7.2 Ziel der Sachdimension: klüger werden

Der Anteil von Hochschulabsolventen und zumal von Absolventen einschlägiger Studiengänge ist in der Kommunikationsbranche in den vergangenen Jahrzehnten deutlich gestiegen (Böckelmann 1991, S. 135; Bentele et al. 2015, S. 44). Das Wachstum der Agenturbranche verbunden mit einer recht hohen Mitarbeiterfluktuation hat zudem dazu geführt, dass immer mehr Kunden bereits einmal in einer Agentur gearbeitet haben. Kurzum: Die Kunden strategischer Kommunikationsberatung sind in den zurückliegenden Jahrzehnten nicht nur ‚klüger' geworden, sie kennen heute auch die Zwänge der Kommunikationsberatung sowie ihre Selbstdarstellungs- und Verkaufsstrategien sehr viel besser. Beides macht Kommunikationsberatung in keiner Weise überflüssig – schließlich ändert es nichts an der externen Perspektive der Kommunikationsberater. Zudem wird niemand von einem Kommunikationsberater eine Expertise in allen Feldern strategischer Kommunikation erwarten. Dennoch setzt es Kommunikationsberater insofern unter Druck, als dass sie ihren Klienten zumindest in ihrem Kommunikationsberatungsfeld inhaltlich einen Schritt voraus sein sollten.

Theoretisches Wissen und Erfahrungswissen in der Beratung
Zu klären ist zunächst die Frage, was Wissen in der Kommunikationsberatung ist (ausführlicher Hoffjann und Röttger 2009): Wissen wie auch Beobachtungen und Informationen sind immer nur innerhalb einer Organisation vorhanden und können nicht übertragen werden. Daten als Ausgangspunkt werden im Sinne von „beobachtbaren Unterschieden" (Willke 2004, S. 28) durch Zuweisung von Bedeutung, durch Einordnung in spezifische Problem- und Relevanzkontexte zu Informationen. Wissen entsteht aus der zweckorientierten Kombination von unterschiedlichen Daten und Informationen und ihrer Einordnung in den Kontext des jeweiligen Vorwissens. Dabei ist zwischen Faktenwissen bzw. einem theorieorientierten Wissen einerseits und Erfahrungswissen andererseits zu unterscheiden. Beides ist wichtig für Berater, das Erfahrungswissen entsteht jedoch erst durch die praktische Anwendung – z. B. in zurückliegenden Beratungsprojekten. So zeigt sich die Kompetenz eines Beraters gerade darin, dass er Normstrategien und vermeintlichen Patentrezepten kontextualisiertes Wissen entgegensetzt, um ggf. von ihnen abzuweichen.

Auf das Fakten- bzw. theorieorientierte Wissen sowie das Erfahrungswissen können Berater in Beratungsprojekten zurückgreifen. Reflexive Kommunikationsberatung, wie sie hier vertreten wird, macht aber zugleich die Relevanz des fallspezifischen Wissens deutlich, das in der konkreten Beratungssituation in Koproduktion mit dem Klienten entsteht (Moldaschl 2015, S. 58).

Kommunikationsberatungswissen in einem engen und weiten Sinne
Das Lernen in der Sachdimension bezieht sich auf unterschiedliche Ebenen: Es reicht vom Wissen zu Entwicklungen und Innovationen in der Kommunikations- und Marketingbranche über Wissen zu Managementmethoden und zu einzelnen Branchen und endet nicht bei generellen gesellschaftlichen Entwicklungen. Es ist offenkundig, dass Klienten im Vergleich zu Beratern nicht nur zu ihrer

eigenen Organisation, sondern in der Regel auch zu branchenbezogenen Themen einen Wissensvorsprung haben. Dies dürfte von vielen Klienten noch relativ unproblematisch bewertet werden, sodass Berater damit offen umgehen können. Insgesamt kann das Kommunikationsberatungswissen wie folgt differenziert werden:

In *einem engen Sinne* bezieht sich relevantes Beraterwissen auf die jeweiligen Kernkompetenzen eines Beraters, die zugleich Kern des Beratungsprojektes sind. Ein Kommunikationsberater im Bereich des Kommunikationscontrollings sollte aktuelle Methoden des Kommunikationscontrollings kennen, um Kunden die jeweiligen Vor- und Nachteile aufzeigen und ihren Einsatz begleiten zu können. Dies dürfte weitgehend unstrittig sein.

Davon abzugrenzen ist das Beraterwissen *in einem weiten Sinne:* Im Fall des Kommunikationscontrollings kann dies reichen von Controllingansätzen in anderen Managementfeldern sowie von internationalen Entwicklungen in diesem Bereich über generelle neue Entwicklungen in der Kommunikations- und Marketingbranche, die Auswirkungen auf das Kommunikationscontrolling haben können, bis hin zu allgemeinen Besonderheiten von Branchen. Dieses Wissen in einem weiten Sinne kann insbesondere relevant sein, um Kontingenz zu öffnen – also mehr zu sehen als der Klient. Denn wer mehr weiß, kann mehr sehen. Dies gilt insbesondere für das Fakten- und theoretische Wissen und nur mit Einschränkung für das Erfahrungswissen. Das Problem: Ob dieses Wissen in einer künftigen Beratungssituation relevant wird, ist kaum abzusehen. Sicher erscheint nur: Ein Berater, der sich nur auf Wissen im engen Sinne fokussiert, wird deutlich weniger sehen, als ein Berater, der einen Schritt weitergeht. Mittelfristig dürften sich Investitionen in neues Wissen damit auszahlen.

Möglichkeiten und natürliche Grenzen des Lernens
Was können Kommunikationsberater hier leisten? Unbegrenzten Möglichkeiten stehen hier natürliche Grenzen gegenüber.

Fakten- bzw. Theoriewissen sowohl zum Wissen im engen als auch im weiten Sinne könnten sich Kommunikationsberater recht problemlos erarbeiten: Es könnten Teams eingesetzt werden, die sich neue Themen erschließen, neue Mitarbeiter könnten Kollegen ihr Wissen vermitteln, externe Experten könnten als Referenten eingeladen werden. Die Möglichkeiten des Lernens sind vielfältig und nahezu grenzenlos. Der Alltag in vielen Agenturen ist dagegen recht einfältig und begrenzt. Hoffjann und Röttger (2009) haben in einer Studie zum Wissensmanagement in PR-Agenturen gezeigt, dass sich Aktivitäten zur Wissensgenerierung ohne konkrete Anfragen meist auf das persönliche Wissen und das Engagement von Mitarbeitern beschränken. Ein reflektiertes Lernen, in dem

Organisationen Strategien entwickeln, die zeigen, was primär zu lernen ist und worauf sich Lernen richten soll, ist selten zu finden. Es zeigt sich, dass zumeist Anlässe wie Akquiseanfragen Lernverfahren auslösen. Eigeninitiatives Lernen ohne Akquiseanfragen oder Kundenwünsche sind kaum zu beobachten. Damit sind Agenturen aber immer noch lernbegieriger als viele andere Organisationen. So zeigt ein Vergleich mit anderen Organisationen, dass die Lernprozesse und -strukturen von Agenturen deutlich ausgeprägter als bei Nonprofit-Organisationen und Unternehmen sind (Hoffjann und Gusko 2013).

Während Kommunikationsberater beim Aneignen von Fakten- und theoretischem Wissen in Vorleistung treten können, stoßen sie beim Erfahrungswissen an eine natürliche Grenze. Ein Berater mag die gesamte Literatur zu allen Kommunikationscontrollinginstrumenten gelesen, verstanden und durchdrungen haben. Wenn er erstmals einen Klienten hierzu berät, ist auch er zunächst ein Neuling auf diesem Gebiet. Für Berater gilt damit auch ein „Learning by doing" – auch die lernbegierigste Agentur ist auf Klienten angewiesen, die bereit sind, mit ihr etwas auszuprobieren.

Spätestens damit ist man wieder bei der Ambivalenz von (einschlägigen) Erfahrungen: So sehr Erfahrungen in vergleichbaren Projekten Beratern helfen können, in einer Situation mehr zu sehen und mögliche Nebenfolgen einer Lösungsoption besser bewerten zu können, so sehr sind solche Erfahrungen doch auch die redundanten Strukturen, mit denen unweigerlich blinde Flecken bzw. Beobachtungslatenzen verbunden sind. Kurzum: Es verlangt von einem Klienten Mut, mit einem Berater ohne einschlägige Erfahrungen zusammenzuarbeiten. Dieser Mut kann aber belohnt werden, wenn der Berater Probleme und Lösungsoptionen jenseits des Mainstreams entdeckt.

Literatur

Argyris, C., und D.A. Schön. 1978. *Organizational learning: A theory of action perspective*. Reading: Addison-Wesley Pub.
Baecker, D. 2003. *Organisation und Management*. Frankfurt a. M.: Suhrkamp.
Baecker, D. 2007. *Studien zur nächsten Gesellschaft*. Frankfurt a. M.: Suhrkamp.
Bentele, G., R. Seidenglanz, und R. Fechner. 2015. *Profession Pressesprecher 2015. Vermessung eines Berufsstandes. Selbstverständnis, Strukturen, Kennzahlen des Kommunikationsmanagements*. Berlin: Helios.
Böckelmann, F. 1991. *Die Pressearbeit der Organisationen Pressestellen II*. München: Ölschläger.

Bruhn, M. 2010. *Die Zusammenarbeit mit Agenturen bei der Integrierten Kommunikation. Anforderungen, Umsetzung und empirische Befunde aus Unternehmenssicht.* Wiesbaden: Gabler.

Fink, D., und B. Knoblach. 2007. Unternehmensberater als Modemacher. In *Consulting research. Unternehmensberatung aus wissenschaftlicher Perspektive*, Hrsg. V. Nissen, 89–108. Wiesbaden: Gabler.

Hoffjann, O., und J. Gusko. 2013. Evolution der PR. Eine Studie zum Wandel der PR. *Zeitschrift für Kommunikationsökologie und Medienethik* 13 (1): 53–63.

Hoffjann, O. und U. Röttger. 2009. Wissensmanagement in PR-Agenturen. In *PR-Beratung. Theoretische Konzepte und empirische Befunde*, Hrsg. U. Röttger und S. Zielmann, 125–147. Wiesbaden: VS-Verlag.

Kieser, A. 1996. Moden & Mythen des Organisierens. *Die Betriebswirtschaft* 56 (1): 21–39.

Krotz, F. 2007. *Mediatisierung: Fallstudien zum Wandel von Kommunikation.* Wiesbaden: VS Verlag.

Kühl, S. 2000. *Das Regenmacher-Phänomen. Widersprüche und Aberglaube im Konzept der lernenden Organisation.* Frankfurt a. M.: Campus.

Moldaschl, M. 2015. Reflexive Beratung – Ein Geschäftsmodell. In *Innovative Beratungskonzepte. Ansätze, Fallbeispiele, Reflexionen*, Hrsg. M. Mohe, 43–68. Wiesbaden: Springer VS.

Sandhu, S. 2009. Legitimitätsexperten in eigener Sache? Zur sozialen Konstruktion der PR-Beratung. In *PR-Beratung. Theoretische Konzepte und empirische Befunde*, Hrsg. U. Röttger und S. Zielmann, 151–171. Wiesbaden: VS-Verlag.

Weick, K.E. 1995. *Der Prozess des Organisierens.* Frankfurt a. M.: Suhrkamp.

Willke, H. 2004. *Einführung in das systemische Wissensmanagement.* Heidelberg: Carl-Auer.

Zech, R. 2013. *Organisation, Individuum, Beratung. Systemtheoretische Reflexionen.* Göttingen: Vandenhoeck & Ruprecht.

Zech, R. 2014. Die ästhetische Organisation als temporale Form der permanenten Selbsterneuerung. In *Organisation und das Neue, Beiträge der Kommission Organisationspädagogik*, Hrsg. S.M. Weber, M. Göhlich, S.M. Weber, M. Göhlich, und A. Schröer, 375–384. Wiesbaden: SpringerVS.

The manufacturer's authorised representative in the EU is Springer
Nature Customer Service Centre GmbH, Europaplatz 3, 69115 Heidelberg,
Germany. If you have any concerns regarding our products, please
contact ProductSafety@springernature.com

Printed and bound by CPI Group (UK) Ltd, Croydon, CR0 4YY
27/04/2026
02097655-0004